Fleischküche

Annemarie Wildeisen

Fleischküche

Braten, Schmoren, Niedertemperaturgaren
Küchenpraxis und 120 Rezepte

AT Verlag

Inhaltsverzeichnis

2. Auflage, 2005

AT Verlag, Baden und München
Fotos: Andreas Fahrni, Bern
Fotokochen: Irene De Giacomo, Bern
Lithos: AZ Print, Aarau
Druck und Bindearbeiten: Stalling, Oldenburg
Printed in Germany

ISBN 3-85502-814-1

www.at-verlag.ch

Fleisch perfekt zubereitet

Braten in der Pfanne und im Ofen

Ob man ein zartes Fleischstück in der Pfanne oder im Ofen zubereitet, hängt vor allem von seiner Grösse ab. Viele Grundregeln bleiben sich jedoch gleich.

Für das Braten in der Pfanne eignen sich alle kleineren Fleischstücke, wie Filet, Steaks, Koteletts, Schnitzel oder Geschnetzeltes. Für das Braten im Ofen sollten die Stücke mindestens 800 Gramm schwer, besser aber 1 Kilo und mehr sein.

Die Bratpfanne

Man kann sich manchen Ärger mit teuren Fleischstücken ersparen, wenn man sie in der richtigen Bratpfanne anbrät oder zubereitet. Beim Braten müssen die Stücke schnell und gleichmässig erhitzt werden, daher bestehen die besten Pfannen aus schwerem Metall mit guter Wärmeleitung.

Zu den qualitativ hochstehenden Materialien gehört schwerer oder mittelschwerer *ionisierter Aluminiumguss*. Das Ionisieren ist ein elektrochemischer Prozess, durch den die Molekularstruktur des Aluminiums verändert wird, so dass es härter als Stahl wird. Hingegen gilt: Hände weg von leichten Aluminiumpfannen. Sie verziehen sich bei Gebrauch schnell und leiten die Wärme oft nur unregelmässig. Zudem sind sie nicht säurebeständig und zeigen chemische Reaktionen auf bestimmte Nahrungsmittelbestandteile.

Edelstahl sieht zwar grossartig aus und ist pflegeleicht, aber ein schlechter Wärmeleiter, was sich auf das Bratresultat nachteilig auswirken kann. Hersteller versehen deshalb hochwertige Töpfe und Bratpfannen mit so genannten Sandwichböden, die aus mehreren Schichten Kupfer oder Aluminium bestehen. Bei den qualitativ besten Töpfen wird dieser Sandwichboden bis in den Rand hochgezogen.

Bratpfannen aus *Gusseisen* gehören zum Besten, was es zum Braten bei hohen Temperaturen gibt. Sie sind formbeständig und erlauben eine gleichmässige Wärmeverteilung. Ihr Nachteil ist, dass sie relativ schwer und daher für manche unhandlich sind und dass es ein wenig Geduld braucht, bis die Pfanne richtig heiss ist; dann allerdings bleibt die Temperatur konstant, und das Bratgut bräunt sehr schön.

Zu den neuen, allerdings sehr teuren Materialien gehört *Titan*, ein extrem hartes und zugleich überaus leichtes Metall, an dem nichts haften bleibt.

Ebenfalls sehr hochwertig sind heute die so genannten *Antihaftbeschichtungen*. Zerkratzte der Belag früher rasch und blätterte in der Folge, zum Teil auch durch Überhitzung ab, so sind die modernen Materialien hochwertig, robust, ohne chemische Reaktionen und pflegeleicht. Für Gusseisen, Aluminium und Stahl wird oft auch *Glasemail* verwendet, das einen nicht porösen Überzug ergibt, der unempfindlich gegen Flecken und Kratzer ist.

Was man über Bratfett wissen muss

Zum Braten von Fleisch braucht es – zumindest am Anfang – Temperaturen von weit über 100 Grad. Dies bedingt auch einen Fettstoff, der grosse Hitze erträgt, ohne dabei zu verbrennen. Hoch erhitzbar sind:

- *Bratbutter (Butterschmalz)*: Sie enthält im Gegensatz zur normalen Butter kein Wasser und auch keine Stoffe mehr, die verbrennen können. Nicht verloren hat sie hingegen den zarten Buttergeschmack, der sich gerade bei der Zubereitung einer Sauce vorteilhaft auswirkt.
- *Erdnussöl* ist geschmacksneutral und über 200 Grad erhitzbar.
- *Olivenöl* wird vor allem in der italienischen, provenzalischen, griechischen und spanischen Küche zum Braten verwendet. In Norditalien verwendet man häufig auch eine Mischung von Olivenöl und Butter; das Öl legt sich wie eine Schutzhülle um die hitzeempfindliche Butter und verhindert das Verbrennen.

- *Kokosfett* ist geschmacksneutral und über 200 Grad erhitzbar. Es eignet sich für alles, was rasch braun und knusprig werden soll.
- *Schweinefett* lässt sich zwar gut erhitzen, hat aber heute aus ernährungswissenschaftlichen Gründen an Bedeutung verloren. Mit seinem typischen Eigengeschmack verleiht es jedoch vor allem Gerichten mit Schweinefleisch ein besonderes Aroma.

Im Weiteren werden heute eine ganze Reihe von gemischten Bratöl- und Bratfettspezialitäten angeboten, die alle hoch erhitzbar und geschmacksneutral sind.

Wie lange braten?

Als Faustregel gilt: Rotes Fleisch, also zarte Rindfleisch- und Lammstücke, soll innen noch gut rosa sein. Rindfleisch darf sogar blutig («saignant») sein. Helles Fleisch, also Kalb, Schwein, Geflügel und Kaninchen, muss gerade so gebraten sein, dass es einen noch ganz leichten rosa Farbschimmer besitzt, aber eigentlich gerade eben gar ist. Dies verlangt viel Fingerspitzengefühl, denn es kann von Sekunden abhängen, ob das Fleisch noch saftig oder bereits durchgebraten ist.

Es ist praktisch unmöglich, in einem Rezept die genaue Bratzeit anzugeben, hängt diese doch von der Dicke und der Temperatur des rohen Fleischstücks ab. Profiköche prüfen den Gargrad, indem sie mit dem Finger auf das Fleischstück in der Pfanne drücken. Wenn das Fleisch gut nachgibt, ist es innen noch roh. Gibt es nur leicht nach, ist es eben rosa. Wenn es sich fest anfühlt, ist es durchgebraten.

Fleisch, das nur kurz gebraten wird, sollte nie direkt aus dem Kühlschrank in die Pfanne gegeben werden. Es muss vor dem Braten Zimmertemperatur annehmen. Besonders wichtig ist dies bei Rindfleisch und Lamm, die rosa gebraten werden.

Wurden Koteletts oder Schnitzel einmal aus Versehen *zu lange gebraten*, so dass sie bereits hart sind, lässt man sie gar schmoren. Dazu Flüssigkeit wie Bouillon, Wein usw. dazugiessen, die Hitze herunterschalten und das Fleisch zugedeckt auf kleinem Feuer je nach Dicke 30–60 Minuten leise kochen lassen, bis es sich beim Hineinstechen mit einem spitzen Messer wieder weich anfühlt.

Wann salzen?

Die traditionelle Kochregel besagt, dass Fleisch immer erst nach dem Anbraten gewürzt werden darf, da es sonst Saft verliert. Dies gilt nur dann, wenn man das Fleisch würzt und dann liegen lässt. Aus diesem Grund gibt man zum Beispiel Marinaden und Beizen kein Salz bei. Wird aber Fleisch gesalzen und sofort angebraten, verliert es weder mehr Saft, noch brät es schlechter, und es schmeckt erst noch wesentlich aromatischer. Würzt man es nämlich erst nach dem Anbraten, kann das Salz nicht mehr richtig ins Fleisch eindringen, weil der Fleischsaft während des Anbratens karamellisiert und quasi eine Schutzschicht bildet. Eine Ausnahme bilden Innereien wie Leber, Milken, Nieren usw., die hart werden, wenn sie vor dem Braten gesalzen werden.

Die wichtigste Regel: Portionenweise braten!

Häufigste Ursache dafür, dass Fleisch beim Anbraten Saft zieht, sind zu grosse Mengen auf einmal in der Pfanne. Als Faustregel kann gelten: *Jedes Fleischstück muss so viel Platz in der Pfanne haben, dass der austretende Saft sofort einkochen kann.* Wenn das Fleisch zu eng nebeneinander liegt, bewirkt dies auch einen starken Wärmeverlust am Pfannenboden, und aus dem Braten wird ein Dünsten im eigenen Saft.

Je kleiner das Fleischstück, desto wichtiger ist das portionenweise Anbraten. Von Geschnetzeltem zum Beispiel gibt man wirklich nur gerade eine Hand voll Fleisch auf einmal in die Pfanne, breitet die Fleischstreifen mit Hilfe der Bratschaufel einzeln aus, lässt sie dann auf der ersten Seite 1 Minute ohne Wenden kräftig anbraten und anschliessend auf der zweiten Seite nur noch gerade 30 Sekunden, so dass sie innen praktisch noch fast roh sind. Dann herausnehmen und im 70 Grad heissen Ofen nachgaren, bis alles Fleisch gebraten und die Sauce zubereitet ist. Zuletzt kann man das Geschnetzelte noch einmal in die Sauce geben und gut erwärmen, dabei jedoch auf keinen Fall kochen lassen, sonst wird es hart und zäh.

Braten im Ofen

Für das Würzen von grossen Braten gilt das Gleiche wie für die kleinen Stücke: Gesalzen und gepfeffert wird immer unmittelbar vor dem Braten. Als zusätzliche Würze kann man bei grossen Fleischstücken frische Kräuter oder Knoblauch verwenden. Mit Vorteil spickt man das Fleisch damit: Kräuter und Knoblauch fein hacken bzw. pressen, mit wenig Olivenöl mischen, dann mit einem spitzen Messer rundum im Fleisch kleine Einschnitte anbringen und die Würzpaste hineindrücken.

Zum Würzen von grossen Fleischstücken eignet sich auch eine *Marinade* (Rezepte siehe unten), in der man den Braten bei Zimmertemperatur mindestens 1 Stunde oder im Kühlschrank am besten über Nacht durchziehen lässt. Angenehmer Nebeneffekt: Durch das Marinieren wird das Fleisch noch zarter.

Nicht nur bei der Verwendung einer Marinade empfiehlt es sich, das Fleisch vor dem Braten mit Küchenpapier leicht trockenzutupfen. Es verliert dadurch weniger Fleischsaft und bräunt schneller.

Ein sehr grosser Braten ist im tiefen Ofenblech gut aufgehoben, vor allem, wenn noch Kartoffeln usw. mitgebraten werden. Für kleinere Braten hingegen empfiehlt sich ein Bräter oder ein schwerer Bratentopf, der nur leicht grösser ist als das Bratgut. Im Gegensatz zum Blech können darin nämlich das Bratfett und der entstehende Jus nicht verbrennen.

Bevor der Braten in den Ofen kommt, muss er mit Fettstoff beträufelt werden. Dafür eignen sich Bratbutter oder Olivenöl besonders gut. Sie werden rauchheiss erhitzt und über das Fleisch in der Form geträufelt. Als Basis für eine würzige Sauce können Zwiebeln, Knoblauch, Karotten, Sellerie und Lauch in den Bräter gelegt werden. Auch diese muss man kurz durch Öl oder flüssiges Bratfett ziehen, damit sie beim Anbraten nicht austrocknen. Das mitgebratene Gemüse oder ein Teil davon kann nach Belieben später mit dem Bratenjus, der durch Beträufeln mit Flüssigkeit (Bouillon, Wein usw.) oder durch das Austreten von Fleischsaft entsteht, als Sauce püriert werden.

Marinade für Rindfleisch und Lamm

3 Esslöffel Rotwein oder Cognac
2 Esslöffel Senf
1 Teelöffel frische Thymianblättchen
1 Teelöffel gehackter Oregano
½ Teelöffel schwarzer Pfeffer aus der Mühle
1 Spritzer Worcestershiresauce
6 Esslöffel Olivenöl

Marinade für Schweine- und Kalbfleisch sowie Poulet

3 Esslöffel Weisswein oder Zitronensaft
abgeriebene Schale von ½ Zitrone
2 Esslöffel scharfer Senf
1 Esslöffel gehackte Rosmarinnadeln
½ Teelöffel fein zerdrückter eingelegter grüner Pfeffer
2 durchgepresste Knoblauchzehen
6–8 Esslöffel Öl

Die Garzeit hängt – wie bei den kleinen Stücken – nicht nur vom Gewicht, sondern vor allem vom Durchmesser und von der Fleischqualität eines Bratens ab. Flache oder kleinere Stücke sowie Rindfleisch und Lamm, die man nicht ganz durchgebraten serviert, werden bei hohen Temperaturen eher kurz gebraten. Grosse, dicke Stücke werden heiss angebraten, anschliessend schaltet man die Ofentemperatur deutlich zurück. Man kann die Stücke auch mit der Niedertemperaturmethode fertig garen. In diesem Fall lässt man die Ofentür so lange geöffnet, bis die Hitze auf 80 Grad abgesunken ist, sonst gart das Fleisch zu schnell.

Eine gute Hilfe, um den gewünschten Garpunkt zu ermitteln, ist das Fleischthermometer. Es wird an der dicksten Stelle ins Fleisch gesteckt; es darf dabei keinen Knochen berühren (wichtig bei Lammfleisch). Die verschiedenen Garstufen für die unterschiedlichen Fleischsorten sind auf dem Thermometer selbst angegeben.

Ein bisschen Ruhe fürs Fleisch

Wenn man den fertigen Braten aus dem Ofen nimmt, lässt man ihn vor dem Aufschneiden in Alufolie gewickelt 10 bis 15 Minuten ruhen, damit sich der Saft im Fleisch wieder gleichmässig verteilen kann. Aber aufgepasst: Beim Warmhalten gart das Fleisch noch etwas nach! Dies muss man beim Berechnen der Bratzeit berücksichtigen, vor allem bei Fleisch, das noch rosa serviert werden soll.

Während der Braten ruht, kann die Sauce zubereitet werden. Dazu wird der Bratenjus in einen kleinen Topf umgegossen. Wenn nötig mit einem Löffel überschüssiges Fett von der Oberfläche schöpfen. Mit Hilfe eines Pinsels und etwas Flüssigkeit löst man sorgfältig alle braunen Krusten von Boden und Rändern des Bratgeschirrs und gibt sie ebenfalls in den Topf. Dann wird die Sauce wenn nötig mit Bouillon, Fond oder Wein «verlängert», aufgekocht und nach Belieben mit Rahm verfeinert oder mit Bratgemüse püriert.

Braten in der Folie

Praktisch für die Zubereitung grösserer Bratenstücke sind durchsichtige Bratfolien. Sie konservieren nicht nur das Aroma des Bratguts und seiner Würzzutaten hervorragend, sondern verhindern auch, dass der Ofen durch Fettspritzer, Dampf usw. verschmutzt wird. Und anders als zum Beispiel im Römertopf durchdringen die Hitzestrahlen das Material problemlos, so dass trotz Hülle für eine appetitliche Bräunung des Bratguts gesorgt ist.

Bratfolie ist in Form von Beuteln oder als endloser Schlauch, dessen Länge man selbst nach Bedarf zuschneiden kann, erhältlich. Letzterer eignet sich vor allem für grosse Fleischstücke und ganze Fische. Denn eines ist ganz besonders wichtig bei der Verwendung von Bratfolie: Man sollte nie an Material sparen. Der Folienschlauch muss immer etwa 25 cm länger sein als das Bratgut, beim Beutel sollten es wenigstens 10 cm sein.

Bratfolientricks

- Jede Art von Folie muss dicht verschlossen werden, damit sie sich im Backofen aufblasen kann. Wichtig: Niemals vergessen, mit einer dünnen Nadel ein oder zwei Löchlein in die Folie zu stechen, damit bei allfälligem Überdruck etwas Dampf entweichen kann. Unterlässt man das Einstechen, kann die Folie platzen – und dann ist es aus mit dem sauberen Backofen!
- Die Bratfolie mit dem Bratgut immer auf den kalten Gitterrost legen. Deshalb diesen beim Vorheizen des Ofens herausnehmen.
- Bratfolie erträgt keine extremen Temperaturen. Deshalb den Backofen höchstens auf 220 Grad aufheizen. Aus dem gleichen Grund kann Bratfolie nicht unter dem Infrarotgrill verwendet werden.
- Das Bratgut in der Bratfolie muss auf dem Rost so platziert werden, dass diese nicht mit den heissen Backofenwänden in Berührung kommt. Sie könnte

dadurch undicht werden. Aus diesem Grund schiebt man den Rost mit dem Bratgut in der Folie immer auf der untersten oder zweituntersten Rille ein, damit sie genügend Platz hat, sich zu blähen.

- Bei Fleischstücken, die gerne austrocknen oder wenn Gemüse mitgegart wird, gibt man etwas Flüssigkeit in Form von Bouillon oder Wein bei.
- Eher zurückhaltend würzen, da in der Bratfolie die Zutaten ihr Aroma intensivieren.
- Beim Herausnehmen des Bratguts in der Folie aus dem Ofen fällt diese zwar schnell zusammen. Dennoch muss man beim Öffnen aufpassen, dass man sich am entweichenden Dampf nicht die Finger verbrennt.

Wie man schnell zu einer guten Sauce kommt

Bei vielen Fleischgerichten ist die Sauce etwas vom Wichtigsten. Sie kann in aller Ruhe und ohne grossen Aufwand zubereitet werden, während das Fleischstück nach dem Braten warm gestellt oder nachgaren gelassen wird.

Die einfachste Art ist, den Bratensatz zu nutzen. Nach dem Braten von Fleisch bleibt in der Pfanne neben Fettstoff auch noch eine braune Kruste zurück. Dies ist nichts anderes als karamellisierter Fleischsaft. Er bildet eine ausgezeichnete Basis für die Sauce. Man löst ihn mit Wein, trockenem Sherry, Noilly Prat (ein trockener, würziger französischer Wermut), weissem oder rotem Portwein, Madeira, Marsala, Bouillon, Wasser oder einer Mischung verschiedener Flüssigkeiten auf. Nicht zu viel davon in die Pfanne giessen. Als Faustregel gilt: höchstens 150 bis 200 ml auf einmal. Diese Flüssigkeit lässt man nun mindestens zur Hälfte einkochen. Erst dann allenfalls nochmals etwas Flüssigkeit zugeben und wieder einkochen lassen. Das Einkochen geschieht übrigens bei grosser Hitze, damit die Flüssigkeit möglichst rasch verdampfen kann.

Am Schluss wird die so entstandene Sauce mit Rahm oder einem Stück Butter leicht gebunden. Letzteres ergibt eine kleine, aber besonders feine Sauce. Gewürzt wird eine Sauce erst ganz am Schluss, denn durch das Einkochen werden die Geschmacksstoffe immer intensiver.

Wenn man beim Probieren der fertigen Sauce das Gefühl hat, dass ihr der letzte Schliff fehlt, gibt es verschiedene Möglichkeiten, sie nachzuwürzen:

- Schmeckt die Sauce säuerlich oder herb, verleiht ihr eine kleine oder grössere Prise Zucker eine runde, harmonische Note.
- Einige Tropfen Zitronensaft geben vor allem Rahm- und Buttersauce die manchmal fehlende Säure.
- Ein Spritzer Worcestershiresauce bekommt allen Saucen gut, die Rindfleisch oder Wild begleiten.
- Eine Messerspitze Fleischextrakt – ungewürzter, eingedickter reiner Fleischsaft – rundet jede Sauce ab.
- Ebenso kann ein Spritzer Noilly Prat (trockener französischer Wermut) oder Cognac Wunder bewirken, Noilly Prat bei hellen Saucen, Cognac bei würzigen, dunklen.

Schmoren in der Pfanne und im Ofen

Das Schmoren ist eine Garmethode, die sich sowohl für grosse wie für kleine Fleischstücke eignet. Es ist eine schonende Zubereitungsart, denn nach dem Anbraten der Fleischstücke – dadurch erhalten sie einen kräftigen Geschmack – werden diese in nicht zu viel Flüssigkeit und vor allem langsam bei moderaten Temperaturen gegart. Dadurch verbinden sich die verschiedenen Aromen der Zutaten intensiv miteinander. Dies braucht natürlich Zeit: Je länger man ein Gericht schmoren lässt, desto besser und intensiver im Geschmack wird es!

Noch einen Vorteil hat das Schmoren: Man braucht dazu nicht die teuersten Fleischstücke, sondern es eignen sich dafür auch preislich attraktive Stücke wie Schulter, Hals oder Haxe.

Schmoren kann man sowohl im Backofen als auch auf dem Herd. Das *Schmoren im Ofen* hat den Vorteil, dass eine gleichmässige Hitzeverteilung – von oben und unten zugleich – gewährleistet ist. Zudem kann der Ofen bei Verwendung einer nicht zu grossen Form für die Zubereitung eines weiteren Gerichts (zum Beispiel eines Gratins) genutzt werden. Beim *Schmoren in der Pfanne* kann das Gericht leichter überwacht werden; es muss jedoch hin und wieder umgerührt werden, damit die Stücke gleichmässig garen.

Anbraten bringt Aroma

Ob grosser Braten oder Ragoutstücke, Haxen am Stück oder Rouladen, zuerst muss das Fleisch immer angebraten werden. Dabei gilt das Gleiche wie beim Kurzbraten: Es wird bei starker Hitze gebräunt, und auch hier darf nicht zu viel auf einmal in den Topf kommen, sonst tritt Saft aus, und aus dem Anbraten wird ein Dünsten oder Kochen!

Nach dem Anbraten wird das Fleisch aus dem Topf genommen und beiseite gestellt. Dabei gibt es beim Abkühlen Fleischsaft ab, der später zum Schmoren weiterverwendet wird. Im Bratensatz, dem man bei Bedarf noch etwas Fettstoff beifügt, werden nun die restlichen Zutaten wie Zwiebeln, Knoblauch, Gemüse usw. angeröstet, aber im Gegensatz zum Fleisch werden diese nur leicht angebraten. Dann wird das Ganze mit Flüssigkeit abgelöscht und der Bratensatz gut vom Topfboden gelöst. Neben Bouillon und Fond kann man dafür alle flüssigen Zutaten verwenden, die sich für die Saucenzubereitung eignen, wie Wein, Bier, Apfelcidre, Sherry, Portwein, Madeira, Marsala und vieles mehr. Bevor das Fleisch wieder dazukommt, lässt man die Schmorflüssigkeit etwa 5 Minuten kräftig einkochen. Dann das Fleisch mitsamt Saft beifügen, alles nochmals aufkochen, anschliessend zudecken und die Temperatur so weit reduzieren, dass das Schmorgut von jetzt an nur noch ganz leise kocht. Und was ebenso wichtig ist: Nie zu viel Flüssigkeit auf einmal angiessen. Als Faustregel könnte gelten: Zu wenig Flüssigkeit ist besser als zu viel! Falls nötig, kann man während des Schmorens nach und nach Bouillon, Wein usw. dazugiessen.

Sanft schmoren, nie kochen!

Die Garzeit von Schmorgerichten kann stark variieren. Sie hängt von der Art, der Qualität und der Grösse der Fleischstücke ab. Grundsätzlich wird bei kleiner Hitze geschmort. Der Ofen wird zwar auf 220 Grad vorgeheizt, dann aber im Verlauf des Garens auf 150 bis 180 Grad heruntergeschaltet, je nachdem wie viel Zeit zur Verfügung steht. Beim Schmoren in der Pfanne sollte das Gericht nach dem Aufkochen nur noch leicht simmern.

Das Praktische daran: Rechnen Sie genügend Zeit ein, und wenn es einmal eine halbe Stunde länger ist, schadet dies dem Gericht auch nicht.

Wie man eine Sauce bindet

Kleine Saucenportionen haben nach der Beigabe von Rahm oder Butter meistens gerade die richtige Konsistenz. Beim Schmoren hingen ist der Saucenanteil höher, und so muss zu «Hilfsmitteln» gegriffen werden. Zum Binden von Saucen eignen sich:

- *Mehlbutter* bindet rasch und problemlos. Je nach gewünschter Feinheit der Sauce verknetet man mit einer Gabel entweder weiche Butter und Mehl zu gleichen Teilen oder aber zwei Teile Butter mit einem Teil Mehl zu einer homogenen Masse. Diese Mischung gibt man flockenweise in die kochende Sauce, die dann schnell bindet.
- *Speisestärke:* Es gibt sie in puderfeiner Konsistenz (z.B. Maizena) oder als Instant-Saucenpulver. Speisestärke wird immer mit etwas kaltem Wasser angerührt, bevor man sie in die Sauce gibt. Saucen, die mit Speisestärke gebunden sind, nicht mehr lange kochen, sonst verlieren sie ihre Bindung wieder!
- *Rahm:* Durch Einkochen verdampfen die flüssigen Bestandteile von Rahm, und durch den erhöhten Fettgehalt fängt die Sauce an zu binden. Deshalb gilt: Je höher der Fettgehalt von Rahm, desto schneller bindet die Sauce. Besonders gut bindet *Doppelrahm oder Crème double* mit einem Fettgehalt von 45 Prozent. Man kann stattdessen auch Vollrahm so lange reduzieren, bis er cremig bindet, dann geht später das Binden der Sauce schneller.

  Crème fraîche, auch Sauerrahm genannt, ist ein mit Milchsäurebakterien angereicherter Vollrahm. Er hat eine dickflüssige bis stichfeste Konsistenz und ist nicht schlagbar. Es empfiehlt sich, Crème fraîche vor der Beigabe mit einigen Löffeln heisser Saucenflüssigkeit glattzurühren, damit sie in der Sauce nicht kleine Klümpchen bildet.

  Nicht geeignet für die Saucenzubereitung sind Halbrahm und Kaffeerahm. *Halbrahm* lässt sich zwar erhitzen, ist jedoch nicht säurebeständig. *Kaffeerahm* ist sowohl hitze- wie auch säureempfindlich. Relativ neu auf dem Markt ist *Saucenrahm*, ein Spezialrahm, der mit natürlichen Bindemitteln angedickt ist und bei der Beigabe in eine kochende Sauce nochmals leicht ausquillt. Saucenrahm gibt es sowohl als Halb- wie auch Vollrahm und ist in beiden Varianten kochfest und säurebeständig.
- *Eigelb:* Eine Sauce mit Eigelb binden nennt man «legieren». Dies eignet sich vor allem für helle Rahmsaucen. Man verrührt dazu in einer Schüssel Eigelb mit etwas heisser Saucenflüssigkeit, nimmt den Topf mit der fast kochenden Sauce vom Herd und rührt die Eimischung darunter. Die Sauce darf höchstens noch einmal leicht erhitzt werden, aber nicht mehr kochen, sonst gerinnt das Eigelb und bildet unschöne Flocken.
- *Gemüse:* Vor allem Saucen von Schmorgerichten können auf einfache Art mit dem mitgekochten Gemüse oder einem Teil davon püriert und dadurch gebunden werden. Solche Saucen sind besonders bekömmlich, weil leicht und fettarm.

Basis der Saucenkunst: Fonds

Eng verwandt mit dem Schmoren ist die Zubereitung von Fond. Ohne Fond sind die grossen klassischen Saucen nicht denkbar, aber auch bei vielen anderen Saucenspezialitäten spielt Fond eine wichtige Rolle. Im Grunde ist Fond nichts anderes als eine nicht ganz fertig gestellte Sauce, die für das Gericht entsprechend verfeinert und gewürzt werden muss.

Wer Zeit, Lust und kulinarischen Ehrgeiz hat, kann selbst Fond auf Vorrat zubereiten. Nachfolgend das Rezept für einen Kalbsfond, der die Grundlage für fast alle dunklen, aber auch für helle Saucen abgibt. Wird der abgesiebte Fond noch einmal reduziert, erhält man eine Demi-Glace. Fond gibt es heute aber auch in sehr guter Qualität fertig zu kaufen, zum Beispiel im Glas oder in Pulverform.

Kalbsfond

2 Karotten
½ Sellerieknolle
1 Stange Lauch
2–3 Esslöffel Olivenöl
1 Zwiebel, besteckt mit 1 Nelke
und 1 Lorbeerblatt
4 Zweige Petersilie
einige zerdrückte schwarze Pfefferkörner
6 Kalbsfüsse
2 Esslöffel Tomatenpüree
2 l Wasser

1 Das Gemüse waschen und nur wenn nötig schälen, dann in grobe Stücke schneiden.
2 In einem grossen, weiten Topf das Olivenöl erhitzen. Das Gemüse mit der besteckten Zwiebel, den Petersilienzweigen, den Pfefferkörnern, den Kalbsfüssen und dem Tomatenpüree kräftig anbraten.
3 Das Wasser dazugiessen. Den Fond aufkochen. Nach 10 Minuten leisem Kochen den Schaum abschöpfen. Dann den Fond bei kleiner Hitze im offenen Topf 2 Stunden leise kochen lassen.
4 Den Fond absieben, dabei die Rückstände kräftig auspressen. In den Topf zurückgeben und bei grosser Hitze auf etwa 1 Liter einkochen lasen.

Eingekochter Fond lässt sich im Kühlschrank etwa 5 Tage aufbewahren. Für den Vorrat kann man ihn aber auch tiefkühlen oder im Backofen bzw. in der Mikrowelle sterilisieren. *Tiefkühlen:* Den Fond in Schraubgläser oder Eiswürfelbehälter füllen und einfrieren. Halbarkeit: 3 Monate.

Sterilisieren: Den Fond in Schraubgläser füllen, verschliessen und in einen Bräter stellen. Mit so viel kochendem Wasser umgiessen, dass die Gläser zur Hälfte im Wasser stehen. Bei 175 Grad Unterhitze im Backofen 80 Minuten sterilisieren. Die Ofentemperatur auf 130 Grad reduzieren und den Fond weitere 45 Minuten sterilisieren. Dann den Ofen ausschalten und die Gläser während 45 Minuten in der Restwärme belassen. Haltbarkeit: 6 Monate.

Sanft garen bei Niedertemperatur

Bereits vor zweihundert Jahren machte der englische Graf von Rumford, notabene der Erfinder des Backofens, die Entdeckung, dass Fleisch wunderbar zart bleibt, wenn man es nach dem Anbraten bei nur schwacher Hitze nachgaren lässt. In der klassischen Restaurantküche wird seither vor allem Roastbeef, aber auch Lammkeule (Gigot) auf diese Weise zubereitet.

Geeignet für diese Art des Garens sind Fleischstücke, die man entweder nicht ganz durchbrät oder gerade auf den Punkt gart. Braten- und andere Fleischstücke, die glasiert oder geschmort werden, aber auch ganze Poulets und Enten können hingegen nicht auf diese Weise zubereitet werden.

Warum das Fleisch zart bleibt

Die Niedertemperaturmethode basiert weder auf unerklärlicher Magie noch auf unter Verschluss gehaltenen Küchengeheimnissen, sondern ganz einfach auf Küchenphysik. Beim heissen Anbraten von Fleisch zieht sich der Saft in das Innere des Fleischstücks zurück. Lässt man das Fleisch anschliessend ruhen, kann es sich wieder entspannen; dabei verteilt sich der Fleischsaft gleichmässig im ganzen Stück. Je langsamer das geschieht, umso besser, denn das Fleisch gart dabei ganz leicht weiter. Voraussetzung dafür ist jedoch, dass die Umgebungstemperatur deutlich unter 90 Grad bleibt, jedoch über 56 Grad liegt, jener Temperatur, bei der Eiweiss langsam zu gerinnen beginnt.

Welche Gartemperatur?

Ob man den Backofen konventionell mit Unter-/Oberhitze aufheizt oder ob man Umluft wählt, hat keinen Einfluss auf die Gardauer. Man muss beim Umluftofen die Hitze im Vergleich zum Normalbackofen auch nicht um 10 bis 20 Grad reduzieren, wie das in höheren Temperaturbereichen erforderlich ist, denn die Erfahrung hat gezeigt, dass die Öfen im unteren Temperaturbereich praktisch identisch heizen. Bedenken, dass das Fleisch bei Umluft austrocknen könnte, sind überflüssig, denn kleine Stücke bleiben zu wenig lang im Ofen, und grosse Stücke sind ohnehin aufgrund ihrer Grösse saftig genug, um auch eine längere Garzeit mit Umluft schadlos zu überstehen.

Als Faustregel gilt: Bei kleineren und kleinsten Fleischstücken wie Geschnetzeltem, Streifen oder Würfeln haben sich 70 Grad als ideale Gartemperatur erwiesen, für alle anderen Stücke ist 80 Grad richtig. Den Garprozess praktisch anhalten kann man, indem man die Temperatur nach der normalen Garzeit auf 60 Grad reduziert; dann wird das Fleisch nur noch warm gehalten. Die Garzeit muss also im Gegensatz zum herkömmlichen Braten nicht mit der Stoppuhr gemessen werden. Auch wenn das Fleisch noch länger als im Rezept vermerkt im Ofen bleibt, spielt dies keine Rolle. Mit der Zeit verliert es zwar seine zartrosa Farbe, aber es ist in jedem Fall immer noch butterzart – vorausgesetzt natürlich, die Fleischqualität stimmt.

Wie lange garen?

Generell gilt: Je länger das Anbraten, desto kürzer die Nachgarzeit im Ofen. Damit lässt sich die Zubereitungszeit nach persönlichem Bedürfnis variieren: Soll ein Fleischgericht nach dem Braten möglichst schnell auf den Tisch kommen, so brät man es fast, aber nicht ganz auf den Punkt und gibt es nur noch 15–20 Minuten zum Nachgaren in den Ofen. In dieser Zeit kann sich der Fleischsaft wieder optimal verteilen; das Fleisch gart dabei noch leicht nach. Möchte man hingegen zwischen Anbraten und Servieren möglichst viel Zeit verstreichen lassen, so wird das Fleisch nur kurz angebraten und je nach Grösse des Stücks entsprechend lange nachgaren gelassen, das heisst mittlere Stücke wie ein Schweins- oder Kalbsfilet 2–3 Stunden, sehr grosse wie ein Gigot oder Roastbeef sogar 4 und mehr Stunden.

Wichtig ist in jedem Fall, dass das Fleisch vor dem Einschieben in den Ofen eine gewisse Grundtemperatur erreichen muss. Beim Festlegen der Anbrat- und Nachgarzeit ist die Grösse des Fleischstücks von Bedeutung. Entscheidend dabei ist vor allem die Dicke des Stückes, weniger die Länge. Ein Rindsfilet zum Beispiel aus dem Kopfstück, also dem dicksten Teil des Filets, muss 1 ½–2 Minuten länger angebraten werden als das Mittelstück. Der Filetspitz hingegen, der dünnste Teil, braucht etwa 1½–2 Minuten weniger lang als das Mittelteil.

Warum beim Niedergaren das Fleisch rosa bleibt

Vor dem Aufschneiden muss man das Fleisch nicht ruhen lassen, wie das beim konventionellen Braten der Fall ist, da der Fleischsaft sich ja bereits im ganzen Stück verteilt hat. Das Fleisch weist im Innern meistens eine wesentlich rötere Farbe auf, als man es sich gewohnt ist. Dies ist eine Folge dieser Garmethode, bedeutet aber nicht, dass das Fleisch noch roh oder zu wenig gegart ist. Auch helles Fleisch wie Kalb, Schwein oder Poulet bleibt leicht rosa! Im Übrigen kann man auf einfache Art die Probe machen: Einen Finger an das aufgeschnittene Fleisch legen – es soll durch und durch schön warm sein, wenn auch nicht ganz so heiss wie konventionell Gebratenes.

Niedertemperaturgaren im Gasbackofen

Gasbacköfen haben oft die Eigenschaft, dass die Hitze im Verlauf der Backdauer zunimmt. In diesem Fall ist das Niedertemperaturgaren kaum möglich. Am besten macht man die Probe mit Hilfe eines Backofenthermometers, das man im oberen Drittel des Backofens platziert. Der Ofen wird dann auf der kleinstmöglichen Temperaturstufe eingeschaltet und die Hitzeentwicklung während etwa 45 Minuten regelmässig überwacht. Übersteigt sie dabei nie mehr als 90 Grad, ist das Garen mit Niedertemperatur möglich. Es empfiehlt sich, die Ofentüre einen Spalt weit offen zu halten – einen Kochlöffel einklemmen, damit die Türe nicht zuklappt! – und das Fleisch im oberen Drittel des Ofens platzieren.

Die schnellen Zarten

Gefüllte Pouletbrüstchen mit Rohschinken

Die zarte, mit Tomatenwürfelchen angereicherte Frischkäsefüllung harmoniert ausgezeichnet mit dem fein aromatischen Pouletfleisch. Anstelle von Frischkäse mit grünem Pfeffer können auch andere Varianten, zum Beispiel mit Oliven, Dörrtomaten oder Kräutern, verwendet werden. Zum Braten wird das Fleisch mit Rohschinkenscheiben umwickelt, die zugleich würzen und schützen. Und während das Fleisch im Ofen langsam fertig gart, kann in aller Ruhe die würzige Portwein-Tomaten-Sauce zubereitet werden.

Für 4 Personen

Vorbereiten: 10 Minuten
Braten: 8–10 Minuten
Nachgaren inkl. Zubereiten der Sauce: 20–30 Minuten

4 mittlere Pouletbrüstchen
100 g Doppelrahmfrischkäse mit grünem Pfeffer
25 g geriebener Sbrinz oder Parmesan
200 g gehackte Dosentomaten (Pelati)
Salz, schwarzer Pfeffer aus der Mühle
4 grosse Scheiben Parmaschinken
1 kleine Zwiebel
1 Knoblauchzehe
2 Esslöffel Olivenöl
50 ml roter Portwein
25 g Butter

1 Den Backofen auf 80 Grad vorheizen und eine Platte mitwärmen.

2 In jedes Pouletbrüstchen waagrecht eine tiefe Tasche schneiden. Doppelrahmfrischkäse und Sbrinz oder Parmesan mischen. Die Masse in die Pouletbrüstchen füllen und jeweils knapp 1 Esslöffel gehackte Tomaten darauf verteilen. Die Pouletbrüstchen nur ganz sparsam salzen, dafür reichlich pfeffern, dann mit je 1 Scheibe Rohschinken umwickeln und diese mit Zahnstochern fixieren.

3 Zwiebel und Knoblauch schälen und fein hacken.

4 In einer Bratpfanne das Olivenöl erhitzen. Die Pouletbrüstchen darin von allen Seiten je nach Dicke insgesamt 8–10 Minuten auf mittlerer bis kleiner Hitze braten. Sofort auf die vorgewärmte Platte geben und im 80 Grad warmen Ofen 20–30 Minuten nachgaren lassen.

5 Im Bratensatz Zwiebel und Knoblauch andünsten. Mit dem Portwein ablöschen. Die restlichen gehackten Tomaten beifügen und alles 3–4 Minuten kochen lassen. Dann mit dem Stabmixer fein pürieren.

6 Unmittelbar vor dem Servieren die Sauce nochmals aufkochen. Die Butter beifügen und in die Tomatensauce einziehen lassen. Mit Salz und Pfeffer abschmecken. Die Sauce zu den Pouletbrüstchen geben und diese sofort servieren.

Dazu passt:

- Weisswein- oder Safranrisotto (Rezept Seite 115)
- Schmale oder breite Nudeln
- In Olivenöl mit Zwiebeln und Knoblauch gebratene Zucchettischeiben, am Schluss mit fein geschnittenem Basilikum gewürzt
- In Olivenöl mit Zwiebeln und Knoblauch gedünsteter Blattspinat
- In Olivenöl goldbraun gebratene Auberginenwürfelchen mit gehacktem Knoblauch und Oregano

Zubereitung auch geeignet für:

Kalbsschnitzel: Die Schnitzel unter Klarsichtfolie mit einem Teigroller etwas dünner klopfen. Dann auf die eine Hälfte etwas Füllung geben, die andere Hälfte darüber klappen und die Ränder mit der stumpfen Seite einer Messerklinge gut klopfen, so dass sie quasi «verschweisst» sind. Die gefüllten Kalbfleischtaschen beidseitig insgesamt 3–4 Minuten anbraten und bei 80 Grad 20–30 Minuten nachgaren lassen.

Pouletrouladen an Basilikumbutter

Für diese Rouladen werden Pouletbrustfilets der Länge nach waagrecht auf-, aber nicht durchgeschnitten. Der Fachmann nennt dies einen «Schmetterlingsschnitt». Wer sich scheut, die Pouletbrüstchen selbst aufzuschneiden, kann den Metzger bitten, sie vorzubereiten. Zum Würzen der Butter, die Füllung und Sauce zugleich ergibt, kann man anstelle von Basilikum auch Oregano oder Thymian verwenden.

Für 4 Personen

Vorbereiten: 20 Minuten
Braten: 4–5 Minuten
Nachgaren: 20–30 Minuten

4 mittlere Pouletbrüstchen
Salz, schwarzer Pfeffer
2–3 Bund Basilikum
2 Esslöffel Noilly Prat (trockener Wermut)
125 g weiche Butter
2 Esslöffel Olivenöl
50 ml Noilly Prat
50 ml Rahm

1 Den Backofen auf 80 Grad vorheizen und eine Platte mitwärmen.

2 Die Pouletbrüstchen mit einem scharfen Messer der Länge nach waagrecht auf-, jedoch nicht durchschneiden. Die Schnitzel aufgeklappt unter Klarsichtfolie legen und mit dem Teigroller dünn klopfen. Mit Salz und Pfeffer würzen.

3 Die Basilikumblätter in Streifen schneiden. Mit der ersten Portion Noilly Prat in den Cutter geben und hacken oder mit dem Stabmixer in einem hohen Becher pürieren. Die weiche Butter beifügen, mit Salz sowie Pfeffer würzen und nochmals kurz durchmixen.

4 Gut ein Drittel der Basilikumbutter auf 2 der Pouletschnitzel ausstreichen und mit den beiden anderen Schnitzeln bedecken. Diese zusammengesetzten Pouletbrüstchen in gut 2 cm breite Streifen schneiden, aufrollen und mit Zahnstochern fixieren.

5 Das Olivenöl erhitzen und die Pouletrouladen darin portionenweise auf mittlerer Hitze 4–5 Minuten braten. Sofort auf die vorgewärmte Platte geben und bei 80 Grad 20–30 Minuten nachgaren lassen.

6 Den Bratensatz mit der zweiten Portion Noilly Prat auflösen, leicht einkochen und beiseite stellen.

7 Unmittelbar vor dem Servieren in einem kleinen Topf die restliche Basilikumbutter aufschäumen lassen. Den Bratensatz und den Rahm beifügen und die Sauce mit Salz sowie Pfeffer abschmecken. Über die Pouletrouladen verteilen.

Dazu passt:

- Trockenreis oder ein Weissweinrisotto
- Bratkartoffeln
- Gefüllte Tomaten: Von den Tomaten einen Deckel abschneiden, Kerne und Scheidewände aus dem Innern entfernen und die Tomaten mit gekochtem Reis (evtl. auch Risottoreste) sowie gedünsteten Gemüsewürfelchen (z.B. Karotten, Stangensellerie, Zucchetti, Peperoni/Paprika) füllen. Die Deckel wieder aufsetzen. Die Tomaten im auf 200 Grad vorgeheizten Ofen je nach Reife und Grösse 20–30 Minuten backen, dann die Hitze auf 80 Grad stellen und die Temperatur durch Öffnen der Backofentür auf 80 Grad absinken lassen. Das Fleisch neben den Tomaten nachgaren lassen.
- In Olivenöl gebratene Zucchetti, rassig gewürzt mit gehackten Zwiebeln, etwas Knoblauch und klein gewürfeltem Peperoncino
- Gedünstete Karotten

Zubereitung auch geeignet für:

Anstelle der Pouletbrüstchen 8 etwa ½ cm dicke, nicht zu grosse Truthahnschnitzel verwenden und ebenfalls dünn klopfen, nach Rezept weiterfahren.

Gefüllte Pouletbrüstchen mit Rohschinken

Pouletrouladen an Basilikumbutter

Pouletschnitzel an Limonenschaumsauce

Limonen, die kleinen, grünen Zitrusfrüchte, sind zwar relativ sauer, aber aromatischer als Zitronen und eignen sich deshalb sehr gut für Saucengerichte. Sie können jedoch ohne weiteres durch Zitronen ersetzt werden. Vorsicht beim Dosieren: Lieber zuerst zurückhaltend Saft verwenden und beim Abschmecken nachwürzen. Eine würzige Garnitur: Limonenschale in dünne Streifchen schneiden – am besten mit dem Zestenmesser –, in wenig kochendem Wasser 1 Minute blanchieren, abschütten, dann mit 2 Esslöffeln Zucker und 100 ml Wasser so lange kochen, bis alle Flüssigkeit verdampft ist und die Zitronenstreifchen glasiert sind.

Für 4 Personen

Vorbereiten: 25 Minuten
Nachgaren inkl. Zubereiten der Sauce: 15–20 Minuten

4 mittlere Pouletbrüstchen
Salz, schwarzer Pfeffer aus der Mühle
1 Esslöffel Bratbutter
½ Limone
2 Schalotten
50 g Butter
50 ml trockener Sherry
200 ml Rahm
1 Prise Cayennepfeffer
½ Bund Basilikum
1 Eigelb

1 Den Backofen auf 80 Grad vorheizen und eine Platte mitwärmen.
2 Die Pouletbrüstchen waagrecht halbieren. Zwischen Klarsichtfolie sorgfältig klopfen; die Schnitzel dürfen jedoch nicht zu dünn werden.
3 Die Pouletschnitzel mit Salz und Pfeffer würzen. Die Bratbutter kräftig erhitzen und die Schnitzel insgesamt nur gerade knapp 1 ½ Minuten braten. Dann sofort auf die vorgewärmte Platte geben und im 80 Grad heissen Ofen 15–20 Minuten nachgaren lassen.
4 Den Bratensatz mit wenig Wasser auflösen und durch ein Sieb giessen, um dunkle Bratenrückstände zu entfernen. Beiseite stellen.
5 Die Schale der Limone dünn abreiben (nur das Grüne!) und den Saft auspressen. Die Schalotten schälen und fein hacken.
6 In einem kleinen Topf die Butter erhitzen. Schalotten und Limonenschale darin andünsten. Mit Sherry, Limonensaft und Bratenjus ablöschen. Den Rahm beifügen und die Sauce noch so lange kochen lassen, bis sie leicht bindet. Mit Salz und Cayennepfeffer abschmecken.
7 Das Basilikum fein hacken.
8 Unmittelbar vor dem Servieren die Sauce nochmals aufkochen. Vom Herd ziehen, das verquirlte Eigelb beifügen und die Sauce mit dem Stabmixer kräftig aufschlagen. Das Basilikum untermischen und die Sauce wenn nötig mit einigen Tropfen Limonensaft sowie Salz nachwürzen. Die Limonensauce über die Pouletschnitzel geben und diese sofort servieren.

Dazu passt:
- In der Schale gebratene kleine Kartoffeln
- Trockenreis oder roter Camarguereis
- Farfalle oder andere Teigwaren
- In Olivenöl gebratene grüne Spargeln
- Gedünstete Karotten

Zubereitung auch geeignet für:

- Truthahnschnitzel: Je nach Dicke 2–2½ Minuten anbraten und bei 80 Grad 15–20 Minuten nachgaren lassen.
- Kalbsschnitzel: Je nach Dicke 1½–2 Minuten anbraten und bei 80 Grad 15–20 Minuten nachgaren lassen.

Pouletwürfel an Tomaten-Beurre-blanc

Beurre blanc nennt man in der Fachsprache eine Sauce, die mit eingekochten Würzzutaten und Rahm zubereitet und am Schluss mit Butter verfeinert und zusätzlich gebunden wird. Anstelle von Tomatenpüree kann man die Beurre blanc zum Beispiel auch mit Basilikumpesto, Pilzpulver oder Curry aromatisieren. Die gerösteten Cherrytomaten, die als Garnitur für das Gericht verwendet werden, kann man bereits am Vortag zubereiten und dann neben dem gebratenen Fleisch aufwärmen.

Für 4 Personen

Tomaten rösten: 45–60 Minuten
Vorbereiten: 5 Minuten
Fleisch anbraten: etwa 2 Minuten
Nachgaren inkl. Zubereiten der Sauce: 20–30 Minuten

250 g Cherrytomaten
Salz, schwarzer Pfeffer aus der Mühle
etwas Zucker
Olivenöl zum Beträufeln
1 Schalotte
4 grosse Pouletbrüstchen
Salz, schwarzer Pfeffer aus der Mühle
1 Esslöffel Bratbutter
1 gehäufter Esslöffel Tomatenpüree
50 ml Noilly Prat (trockener Wermut)
100 ml l Hühnerbouillon
150 ml Doppelrahm oder 200 ml Vollrahm
1 Prise Cayennepfeffer
50 g Butter
½ Bund Oregano

1 Den Backofen auf 120 Grad vorheizen und eine Platte mitwärmen.
2 Die Cherrytomaten halbieren, mit der Schnittfläche nach oben auf ein Blech legen, mit Salz, Pfeffer und Zucker würzen, dann mit Olivenöl beträufeln. Im 120 Grad heissen Ofen 45–60 Minuten rösten, dabei die Ofentür mit Hilfe eines Kochlöffels einen Spalt breit offen lassen, damit die Feuchtigkeit entweichen kann. Die Tomaten sollen schrumpelig sein und köstlich duften.
3 Die Ofentemperatur bei geöffneter Backofentür auf 80 Grad absinken lassen.
4 Die Schalotte schälen und sehr fein hacken. Die Pouletbrüstchen in grosse Würfel schneiden. Mit Salz und Pfeffer würzen.
5 Die Bratbutter kräftig erhitzen und die Pouletwürfel in 2 Portionen rundum insgesamt nur gerade knapp 2 Minuten anbraten. Sofort auf die vorgewärmte Platte geben und neben den Tomaten 20–30 Minuten nachgaren lassen.
6 Im Bratensatz die Schalotte und das Tomatenpüree andünsten. Mit dem Noilly Prat und der Bouillon ablöschen und zur Hälfte einkochen lassen. Dann Doppelrahm oder Vollrahm beifügen und die Sauce noch so lange kochen lassen, bis sie leicht bindet. Mit dem Stabmixer gut durchmixen. Beiseite stellen.
7 Die Oreganoblättchen abzupfen. Etwa zwei Drittel davon hacken, den Rest für die Garnitur beiseite legen.
8 Unmittelbar vor dem Servieren die Sauce nochmals aufkochen. Die Butter in Flocken beifügen und einziehen lassen. Die Sauce mit Salz, Cayennepfeffer und Oregano würzen. Die Pouletwürfel wieder beifügen und nur noch gut heiss werden lassen. Anrichten und mit den gerösteten Cherrytomaten sowie Oreganoblättchen garnieren.

Dazu passt:

- Schmale Nudeln
- In der Schale gebratene kleine Kartoffeln
- Nussreis: Grob gehackte grüne Pistazienkerne oder ganze Pinienkerne in etwas Butter leicht rösten, dann mit Trockenreis mischen und kurz fertig braten
- Sellerie-Kartoffel-Püree

Zubereitung auch geeignet für:

- Kalbsschnitzel: Auf der ersten Seite 1½ Minuten, auf der zweiten Seite nur gerade 20–30 Sekunden anbraten und bei 80 Grad etwa 30 Minuten nachgaren lassen.
- Kalbs- oder Schweinssteak: Je nach Dicke während insgesamt 3–4 Minuten anbraten und etwa 45 Minuten bei 80 Grad nachgaren lassen.

Pouletschnitzel an Limonenschaumsauce

Pouletwürfel an Tomaten-Beurre-blanc

Marinierte Kalbsschnitzel mit Dörrtomaten

Kleine Kalbsschnitzel werden mit einer würzigen Mischung von Dörrtomaten, Zwiebeln, Knoblauch, Kapern, Petersilie, Zitronensaft und Olivenöl mariniert. Anschliessend muss alles nur noch minutenschnell in der Pfanne gebraten werden – und fertig ist dieses einfache Fleischgericht!

Für 4 Personen

Vorbereiten: 10 Minuten
Marinieren: mindestens 15 Minuten
Braten: 5 Minuten

12 getrocknete, in Öl eingelegte Tomaten
1 Zwiebel
1 Knoblauchzehe
2 Esslöffel Kapern
1 Bund glattblättrige Petersilie
8–12 kleine Kalbsschnitzel, je nach Grösse
schwarzer Pfeffer aus der Mühle
2 Esslöffel Zitronensaft
100 ml Olivenöl
Salz

1 Die Tomaten abtropfen lassen und in Streifen schneiden. Die Zwiebel und den Knoblauch schälen und fein schneiden. Die Kapern kurz warm abspülen. Die Petersilienblätter grob schneiden.
2 Die vorbereiteten Zutaten mit den Kalbsschnitzelchen auf eine Platte geben. Alles mit frisch gemahlenem Pfeffer bestreuen. Zitronensaft und Olivenöl verrühren und darüber träufeln. Zugedeckt mindestens 15 Minuten, besser aber länger marinieren lassen.
3 Die Kalbsschnitzel aus der Marinade nehmen. Leicht salzen. In einer Bratpfanne ohne Fettzugabe insgesamt 2–2½ Minuten braten. Warm stellen.
4 Die Marinadezutaten in die Pfanne geben und unter Wenden kurz dünsten. Über das Fleisch geben und sofort servieren.

Dazu passt:
- Gemüse- oder Safranrisotto (Rezept Seite 115)
- Salzkartoffeln
- Mit Zwiebeln und Knoblauch gedünsteter fein geschnittener Wirz (Wirsing)
- Gratinierte Zucchettifächer: 8 mittlere Zucchetti der Länge nach etwa 6-mal ein-, aber nicht durchschneiden. Nebeneinander in eine Gratinform legen und leicht auseinander drücken. Mit Salz und Pfeffer würzen. 4 Toastbrotscheiben hacken, mit 4 Esslöffel geriebenem Parmesan sowie ½ Bund gehacktem Basilikum mischen. Über die Zucchetti streuen und grosszügig mit Olivenöl beträufeln. Die Zucchetti im auf 200 Grad vorgeheizten Ofen auf der zweituntersten Rille etwa 20 Minuten backen.

Zubereitung auch geeignet für:
- Dünn geschnittene Rindshuftschnitzel: Je nach Dicke insgesamt 1½–2 Minuten kräftig braten.
- Schweinssteak: Je nach Dicke insgesamt 4–6 Minuten zuerst heiss, dann auf mittlerer bis kleiner Hitze braten.
- Mini-Lammfilets (von der Unterseite des Rückenstücks): Je nach Grösse und gewünschter Garstufe insgesamt 2½–4 Minuten zuerst heiss, dann auf mittlerer bis kleiner Hitze braten.

Marinierte Kalbsschnitzel mit Dörrtomaten

Kalbfleischröllchen mit Ricotta an Marsalasauce

Ricotta ist die italienische Variante des Quarks, die allerdings etwas trockener beziehungsweise fester in der Konsistenz ist. Verwendet man Magerquark, diesen in einem Sieb einige Stunden abtropfen lassen. Anstelle von Ricotta kann man auch einen Doppelrahm-Frischkäse verwenden; dann jedoch den Parmesan weglassen.

Für 4 Personen

Zubereitung: etwa 25 Minuten

8 grosse Kalbsschnitzel
12 Scheiben dünn geschnittener Rohschinken
1 Bund Petersilie
150 g Ricotta
2 Eigelb
2 gestrichene Esslöffel Paniermehl
4 Esslöffel geriebener Parmesan
Salz, Pfeffer
etwas frisch geriebene Muskatnuss
14–16 Salbeiblätter
1 Esslöffel Bratbutter
100 ml Weisswein
100 ml Marsala
50 g Butter

1 Die Kalbsschnitzel unter Klarsichtfolie mit dem Teigroller sorgfältig sehr dünn klopfen.
2 8 Rohschinkenscheiben beiseite legen. Den restlichen Rohschinken und die Petersilie für die Füllung fein hacken. Mit Ricotta, Eigelben, Paniermehl und Parmesan mischen. Mit Salz, Pfeffer und Muskat würzen.
3 Je eine Scheibe Rohschinken und etwas Füllung auf ein Kalbsschnitzel geben und aufrollen. Mit je einem Salbeiblatt belegen und mit Zahnstocher fixieren.
4 Die restlichen Salbeiblätter in feinste Streifchen schneiden.
5 Die Kalbsröllchen in der Bratbutter nicht zu heiss rundum 4–5 Minuten braten. Herausnehmen und warm stellen.
6 Den Bratensatz mit dem Weisswein und dem Marsala auflösen und zur Hälfte einkochen lassen. Die Salbeistreifchen beifügen. Die Butter in kleinen Stücken beifügen und in die Sauce einziehen lassen. Mit Salz und Pfeffer abschmecken. Die Sauce über die Kalbsröllchen geben und diese sofort servieren.

Dazu passt:
- In der Schale gebratene kleine Kartoffeln
- Pilzrisotto
- Cremige Tomaten-Kräuter-Polenta
- In Butter gedünstete Kohlrabi oder eine Mischung von halb Kohlrabi/halb Karotten

Zubereitung auch geeignet für:

Pouletbrüstchen: Die Pouletbrüstchen waagrecht auf-, aber nicht durchschneiden. Unter Klarsichtfolie mit dem Teigroller sorgfältig dünn klopfen. Nach Rezept weiterfahren, jedoch etwa 1 Minute länger braten.

Kalbfleischröllchen mit Ricotta an Marsalasauce

Zitronen-Kalbskotelett

Durch kurzes Nachziehenlassen nach dem Braten im 80 Grad heissen Ofen bleibt das Fleisch saftig und zart. Koteletts ohne Knochen haben eine etwas kürzere Bratzeit.

Für 4 Personen

Vorbereiten: 10 Minuten
Braten: 6–7 Minuten
Nachgaren inkl. Zubereiten der Sauce: 15–20 Minuten

1 grosse Knoblauchzehe
1 Bund Petersilie
1 Zitrone
4 Kalbskoteletts
Salz, schwarzer Pfeffer aus der Mühle
1 Esslöffel Bratbutter
100 ml Weisswein
100 ml Hühnerbouillon
80 g Butter
1 Prise Zucker

1 Den Backofen auf 80 Grad vorheizen und eine Platte mitwärmen.

2 Den Knoblauch schälen und fein hacken. Die Petersilie ebenfalls hacken. Die Schale der Zitrone möglichst dünn abreiben (nur das Gelbe!). Alles in einer kleinen Schüssel mischen und beiseite stellen.

3 Die Enden der Zitrone abschneiden; sie werden nicht gebraucht. Dann die Zitrone in 8 dünne Scheiben schneiden.

4 Die Kalbskoteletts mit Salz und Pfeffer würzen. In der heissen Bratbutter je nach Dicke während insgesamt 6–7 Minuten braten. Sofort im 80 Grad heissen Ofen auf der vorgewärmten Platte 15–20 Minuten nachgaren lassen.

5 Den Bratensatz mit dem Weisswein und der Bouillon auflösen. Die Zitronenscheiben hineinlegen. Die Flüssigkeit auf grosser Hitze zur Hälfte einkochen lassen. Die Zitronenscheiben herausheben und auf die Koteletts legen.

6 Die Butter in Stücken in die leicht kochende Sauce geben und einziehen lassen. Mit Pfeffer, etwas Zucker sowie wenn nötig Salz abschmecken. Über die Koteletts geben, diese mit der Knoblauch-Petersilien-Mischung bestreuen und sofort servieren.

Dazu passt:
- Safranrisotto (Rezept Seite 115)
- Bratkartoffeln
- In etwas Butter und Hühnerbouillon gedünstete Fenchelviertel
- In Olivenöl mit Zwiebeln, Knoblauch und Peperoncino gedünsteter Spinat
- Gedünstete Karotten mit viel Petersilie

Zubereitung auch geeignet für:
- Schweinskotelett: Wie im Rezept beschrieben zubereiten, jedoch 30 Minuten nachgaren lassen.
- Schweinsfilet: 8 Schweinsfiletmedaillons, etwa 3 cm dick geschnitten, 3–4 Minuten anbraten und 20–30 Minuten nachgaren lassen.
- Pouletbrust: Je nach Grösse bei mittlerer Hitze 5–8 Minuten braten und 20–30 Minuten nachgaren lassen.

Zitronen-Kalbskotelett

Überbackene Kalbssteaks mit Zwiebelhaube

Überbackene Kalbssteaks mit Zwiebelhaube

Nicht nur zum Überbacken von Steaks eignet sich das würzige Zwiebel-Käse-Püree, das sich gut vorbereiten lässt, sondern auch als Sauce zum Gratinieren von Gemüse wie etwa Fenchel oder Schwarzwurzeln.

Für 4 Personen

Vorbereiten inkl. Anbraten: 40 Minuten
Überbacken: 5 Minuten

250 g Zwiebeln
1 Esslöffel Butter
100 ml Weisswein
50 ml Doppelrahm oder Crème fraîche
4 Kalbssteaks, je ca. 130 g schwer
Salz, Pfeffer aus der Mühle
1 Esslöffel Bratbutter
50 ml trockener Sherry
2 Eigelb
80 g geriebener Gruyère
1 Prise frisch geriebene Muskatnuss

1 Die Zwiebeln schälen und in feine Ringe schneiden. In der Butter auf kleiner Hitze 5 Minuten dünsten, bis sie zusammengefallen sind. Dann den Weisswein dazugiessen und die Zwiebeln auf mittlerer Hitze etwa 20 Minuten dünsten. Am Schluss soll die Garflüssigkeit vollständig verdampft sein.
2 Die Zwiebeln mit dem Doppelrahm oder der Crème fraîche im Cutter oder mit dem Stabmixer fein pürieren. Abkühlen lassen.
3 Inzwischen die Steaks mit Salz und Pfeffer würzen. In der heissen Bratbutter insgesamt 5 Minuten anbraten. In eine feuerfeste Form geben.
4 Den Bratensatz mit dem Sherry auflösen. Mit den Eigelben und dem Käse unter das Zwiebelpüree rühren. Mit Salz, Pfeffer und Muskat pikant abschmecken.
5 Die Kalbssteaks dick mit Zwiebelpüree bestreichen. Im auf 220 Grad Oberhitze vorgeheizten Ofen auf der zweitobersten Rille etwa 5 Minuten überbacken. Sofort servieren.

Dazu passt:
- Breite Nudeln
- Gebratene Spätzli
- Bratkartoffeln
- Rotkraut

Zubereitung auch geeignet für:
Schweinssteak: 1 Minute länger anbraten.

Zitronenschnitzel mit Erbsen und Champignons

Da muss der Hunger nicht lange warten: Kalbsschnitzelchen werden nur ganz kurz angebraten, und während sie im Ofen nachgaren, bereitet man im Bratensatz aus Weisswein, Zitrone, Zwiebel, Champignons und Erbsen eine herzhafte Sauce und daneben die gewünschte Beilage zu.

Für 4 Personen

Zubereiten inkl. Nachgaren: 25 Minuten

8–12 kleine, dünn geschnittene Kalbsschnitzel, je nach Grösse
Salz, Pfeffer aus der Mühle
1 Esslöffel Bratbutter
200 ml Weisswein
1 abgeriebene Schale von ½ Zitrone
3–4 Esslöffel Zitronensaft
½ Teelöffel Fleischextrakt oder wenig Hühnerbouillonpaste
400 g Champignons
1 kleine Zwiebel
1 Esslöffel Butter zum Dünsten
200 g tiefgekühlte Erbsen
60 g Butter zum Verfeinern der Sauce

1 Den Backofen auf 80 Grad vorheizen und eine Platte mitwärmen.
2 Die Kalbsschnitzel mit Salz und Pfeffer würzen. In der heissen Bratbutter je nach Dicke insgesamt nur gerade 1½–2 Minuten kräftig braten. Dann sofort auf die vorgewärmte Platte geben und im 80 Grad heissen Ofen 15–20 Minuten nachgaren lassen.
3 Zum Bratensatz Weisswein, Zitronensaft und Fleischextrakt oder Bouillonpaste geben und alles auf 100 ml einkochen lassen. In der Bratpfanne beiseite stellen.
4 Die Champignons rüsten und in dicke Scheiben schneiden. Die Zwiebel schälen und fein hacken.
5 Die Butter schmelzen und die Zwiebel darin andünsten. Die Champignons und die noch gefrorenen Erbsen beifügen. Leicht würzen und unter Wenden etwa 5 Minuten dünsten. Dabei ziehen die Zutaten Saft; diesen fast vollständig einkochen lassen.
6 Die Weissweinsauce nochmals aufkochen. Die Butter in Flocken beifügen und in die Sauce einziehen lassen. Wenn nötig nachwürzen, dann die Champignons und Erbsen dazugeben und nur noch einmal aufkochen. Die Sauce über die Kalbsschnitzel geben und diese sofort servieren.

Dazu passt:
- Feine Nudeln
- In Butter gebratene kleine Schalenkartoffeln
- Bouillonreis

Zubereitung auch geeignet für:
- Schweinsschnitzel: Je nach Dicke insgesamt 2–3 Minuten anbraten.
- Truthahnschnitzel: Je nach Dicke insgesamt 2–3 Minuten anbraten.
- Pouletbrust: Je nach Grösse bei mittlerer Hitze 5–8 Minuten braten und 20–30 Minuten nachgaren lassen.

Kalbspaillard mit Peperonibutter

«Paillard» nennen die Franzosen hauchdünne, dafür extragrosse Kalbsschnitzel. Sie werden nur ganz kurz, dafür kräftig gebraten, oft auch in der Grillpfanne, wo sie das typische Streifenmuster erhalten. Die Peperonibutter hält sich in Folie gewickelt im Kühlschrank etwa 2 Wochen, im Tiefkühler bis zu 6 Monaten frisch. Sie passt auch zu vielen Grillspezialitäten.

Für 4 Personen

Butter zubereiten: 20 Minuten
Fleisch braten: 5 Minuten

Peperonibutter:
75 g rote Peperoni (Paprika), gerüstet gewogen
2 Thymianzweige
1 Esslöffel Butter zum Dünsten
Salz, Pfeffer
150 g weiche Butter

Fleisch:
4 grosse, dünn geschnittene Kalbsplätzchen
Salz, Pfeffer
1 Esslöffel Bratbutter

1 Für die Butter die Peperoni fein würfeln. Die Thymianblättchen von den Zweigen zupfen. Beides in der warmen Butter unter häufigem Wenden etwa 8 Minuten sehr weich dünsten. Mit Salz sowie Pfeffer würzen. Mit dem Stabmixer oder im Cutter nicht zu fein pürieren.
Abkühlen lassen.

2 Die weiche Butter kräftig durchrühren, bis sich kleine Spitzchen bilden. Die Peperonimasse untermischen. Die Peperonibutter wenn nötig nachwürzen. Bis zur Verwendung kühl stellen.

3 Die Kalbsschnitzel zwischen Klarsichtfolie legen und mit einem Teigroller sorgfältig dünn und gross klopfen.

4 Unmittelbar vor dem Braten die Kalbspaillards mit Salz und Pfeffer würzen. In 2 Portionen in der sehr heissen Bratbutter auf der ersten Seite 1 Minute, auf der zweiten nur noch ½ Minute kräftig braten. Auf vorgewärmten Tellern anrichten und je 1 Scheibe Paprikabutter darauf geben. Sofort servieren.

Dazu passt:

- Kartoffel-Stangensellerie-Salat: 750 g Kartoffeln in der Schale weich kochen. 1 Zwiebel fein hacken und mit ¼ Liter kräftiger Bouillon sowie 3–4 Esslöffel Weissweinessig übergiessen. Die noch heissen Kartoffeln schälen, in die heisse Bouillonmischung geben und etwa 30 Minuten ziehen lassen. 200 g Stangensellerie rüsten und in Streifchen schneiden. 6 gehäufte Esslöffel Mayonnaise und 2 Esslöffel Crème fraîche verrühren, einige Löffel der Bouillonmischung von den Kartoffeln beifügen. Die Kartoffeln in ein Sieb abschütten, mit dem Stangensellerie zur Sauce geben und nochmals 10 Minuten durchziehen lassen.
- Bratkartoffeln
- Gemischter Blatt- oder Kopfsalat
- Ratatouille
- In Olivenöl mit viel Zwiebeln und Knoblauch gedünsteter Blattspinat
- Gratinierte Zucchettifächer (Rezept Seite 26).

Zitronenschnitzel mit Erbsen und Champignons

Kalbspaillard mit Peperonibutter

Zubereitung auch geeignet für:

- Rindshuftschnitzel: Gleiche Zubereitung.
- Pouletbrüstchen: Die Pouletbrüstchen der Länge nach auf-, aber nicht durchschneiden, aufklappen und unter Klarsichtfolie sehr dünn klopfen. Die restliche Zubereitung bleibt sich gleich wie beim Kalbspaillard, jedoch auf der zweiten Seite 1 Minute fertig braten.

Marsalaschnitzel mit Steinpilzen und Wacholder

Ein eher herbstliches oder winterliches Fleischgericht mit einer gehaltvollen, kräftigen Sauce aus gedörrten Steinpilzen und Wacholderbeeren. Fehlen Letztere im Vorrat, kann man die Sauce auch mit 1 Esslöffel Gin parfümieren, der ja aus Wacholder destilliert wird.

Für 4 Personen

Einweichen der Pilze: mindestens 15 Minuten
Zubereiten inkl. Nachgaren: 30 Minuten

25 g gedörrte Steinpilze
8–12 Kalbsschnitzel, je nach Grösse
1 Esslöffel Balsamicoessig
schwarzer Pfeffer aus der Mühle
2–3 Knoblauchzehen
6–8 Wacholderbeeren
4 Esslöffel Olivenöl
Salz
2 Rosmarinzweige
150 ml Marsala
100 ml Weisswein
60 g Butter
einige Tropfen Zitronensaft

1 Die Steinpilze mit warmem Wasser bedeckt mindestens 15 Minuten, besser aber länger einweichen. Abschütten, gründlich spülen und gut ausdrücken.
2 Den Backofen auf 80 Grad vorheizen und eine Platte mitwärmen.
3 Die Kalbsschnitzel zwischen Klarsichtfolie mit dem Teigroller nur ganz leicht flach klopfen. Dann mit dem Balsamicoessig bestreichen und mit frisch gemahlenem Pfeffer aus der Mühle würzen.

4 Den Knoblauch schälen und in feine Scheibchen schneiden. Die Wacholderbeeren mit der Klinge eines grossen Messers zerdrücken.

5 In einer Bratpfanne das Olivenöl erhitzen. Die Kalbsschnitzel salzen und auf der ersten Seite gut 1 Minute kräftig anbraten, auf der zweiten Seite nur noch gerade ½ Minute weiterbraten. Sofort auf die vorgewärmte Platte geben und im Ofen bei 80 Grad 15–20 Minuten nachgaren lassen.

6 Im Bratensatz Knoblauch, Wacholder, Pilze und Rosmarinzweige kräftig anbraten. Mit dem Marsala und dem Weisswein ablöschen und gut zur Hälfte einkochen lassen.

7 Unmittelbar vor dem Servieren die Butter in Stücken in die leicht kochende Sauce geben und einziehen lassen. Mit Salz und Pfeffer sowie einigen Tropfen Zitronensaft abschmecken. Über die Schnitzel geben.

Dazu passt:

- Kartoffelgratin, nach Belieben anstelle von Rahm mit Zwiebelringen und Bouillon zubereitet. Wenn nur ein Ofen zur Verfügung steht, zuerst den Gratin zubereiten, vor dem Braten der Schnitzel die Ofentür öffnen, die Temperatur auf 80 Grad absinken lassen und das Fleisch neben dem Gratin nachgaren lassen.
- Kartoffel-Apfel-Püree (Rezept Seite 105)
- Gebratene Süsskartoffeln
- Spinat- oder Safranrisotto (Rezept Seite 115)
- Gebratene Spätzli
- Rotkraut
- Gekochte Schwarzwurzeln, die man in Butter brät und mit Petersilie verfeinert.
- In feine Streifen geschnittener Wirz, zuerst in Bouillon gedünstet und dann mit etwas Rahm so lange geschmort, bis alle Flüssigkeit verdampft ist.

Zubereitung auch geeignet für:

- Schweinsschnitzel: Je nach Dicke insgesamt 2–3 Minuten anbraten.
- Schweinsfilet: Das Filet in etwa 3 cm dicke Medaillons schneiden, 3–4 Minuten anbraten und 20–30 Minuten nachgaren lassen.
- Entenbrust: Zuerst auf der Fettseite 3 Minuten, dann auf der Fleischseite je nach Dicke 3–4 Minuten anbraten und 20–30 Minuten nachgaren lassen.

Kräuter-Rahmschnitzel

Basilikum, Petersilie, Kapern und Zitrone würzen diese spezielle Rahmsauce. Man kann die Kräuter auch variieren und der Sauce dadurch immer wieder einen anderen Charakter geben. Gut eignen sich zum Beispiel die Kombinationen Estragon und Petersilie, Oregano, Thymian und Petersilie oder Kerbel und Schnittlauch.

Für 4 Personen

Zubereiten inkl. Nachgaren: 30 Minuten

1 unbehandelte Zitrone
frisch gemahlener Pfeffer aus der Mühle
1 Esslöffel Mehl
8–12 Kalbsschnitzel, je nach Grösse
Salz
2 Esslöffel Bratbutter
100 ml Weisswein
100 ml Kalbsfond oder Hühnerbouillon
150 ml Rahm
1 Bund Basilikum
1 Bund glattblättrige Petersilie
1 Esslöffel Kapern

1 Den Backofen auf 80 Grad vorheizen und eine Platte mitwärmen.
2 Die Zitronenschale direkt in eine kleine Schüssel reiben. Etwa 10–12 Umdrehungen Pfeffer aus der Mühle sowie das Mehl beifügen und mischen. Dann die Zitrone mit einem scharfen Messer mitsamt der weissen Haut schälen, so dass das Zitronenfleisch freiliegt. Die Zitronenschnitze aus den Trennhäuten schneiden.
3 Die Kalbsschnitzel salzen, dann in der vorbereiteten Mehl-Gewürz-Mischung wenden und diese leicht abschütteln.
4 Die Bratbutter erhitzen. Die Kalbsschnitzel auf der ersten Seite 1 Minute kräftig braten, dann auf der zweiten Seite nur noch gerade 1/2 Minute weiter braten. Sofort auf die vorgewärmte Platte geben und im 80 Grad heissen Ofen 15–20 Minuten nachgaren lassen.
5 Den Bratensatz mit Weisswein und Kalbsfond oder Bouillon auflösen und gut zur Hälfte einkochen lassen. Den Rahm beifügen und die Sauce noch so lange kochen, bis sie leicht bindet. Mit Salz und Pfeffer abschmecken.
6 Basilikum und Petersilie fein hacken. Die Kapern unter kaltem Wasser spülen und gut abtropfen lassen.
7 Zitronenschnitze, Kräuter und Kapern in die Sauce geben und alles nur noch gut heiss werden lassen. Über die Kalbsschnitzel geben und diese sofort servieren.

Dazu passt:
- Roter oder schwarzer Reis, wie Risotto zubereitet
- Trockenreis
- Feine Nudeln
- Gebratene kleine Schalenkartoffeln
- Mit Zwiebeln und Peperoncino in Olivenöl gebratene Zucchettistengelchen
- Gedünstete Karotten

Zubereitung auch geeignet für:
- Schweinsschnitzel: Je nach Dicke insgesamt 2–3 Minuten anbraten.
- Truthahnschnitzel: Je nach Dicke insgesamt 2–3 Minuten anbraten.
- Pouletbrust: Je nach Grösse bei mittlerer Hitze 5–8 Minuten braten und 20–30 Minuten nachgaren lassen.

Marsalaschnitzel mit Steinpilzen und Wacholder

Kräuter-Rahmschnitzel

Kalbfleischtaschen mit Cherrytomaten

Für einmal keine Rouladen, sondern mit cremigem, nur leicht pikatem Mascarpone-Gorgonzola, Ricotta, Salbei und Schinken gefüllte dünne Kalbfleischplätzchen, die zu einer Tasche gefaltet werden. Anstelle einer Sauce werden sie begleitet von gedünsteten Cherrytomaten.

Für 4 Personen

Vorbereiten: 25 Minuten
Nachgaren inkl. Zubereiten der Tomaten: 15–20 Minuten

8 grosse Kalbsschnitzel
100 g Mascarpone-Gorgonzola
2 Esslöffel Ricotta oder Quark
Salz, schwarzer Pfeffer aus der Mühle
4–6 Salbeizweige
4 dünn geschnittene Scheiben Schinken
400 g Cherrytomaten
1 Esslöffel Pinienkerne
1 Esslöffel Butter
4 Esslöffel Olivenöl

1 Die Kalbsschnitzel unter Klarsichtfolie mit dem Teigroller dünn klopfen.

2 Den Mascarpone-Gorgonzola mit dem Ricotta oder Quark glatt rühren. Die Masse leicht salzen und grosszügig mit frisch gemahlenem Pfeffer würzen.

3 Von den Salbeizweigen 8 kleinere Blätter abzupfen und beiseite legen. Die restlichen Salbeiblätter in Streifchen schneiden.

4 Jedes Kalbsschnitzel auf der einen Hälfte mit einer halben Schinkenscheibe belegen und diese mit etwas Mascarpone-Gorgonzola-Masse bestreichen. Je 1 Salbeiblatt darauf geben. Die Schnitzel zusammenklappen und die Ränder gut andrücken; am besten geht dies mit der stumpfen Seite einer Messerklinge, mit der man den Rand weich klopft und so quasi «verschweisst».

5 Kurz vor der Zubereitung des Fleischs den Ofen auf 80 Grad vorheizen und eine Platte mitwärmen.

6 Die Butter mit 1 Esslöffel Olivenöl in einer Pfanne erhitzen. Die Kalbfleischtaschen mit Salz und Pfeffer würzen. Auf jeder Seite 1½–2 Minuten kräftig braten. Dann sofort auf die vorgewärmte Platte geben und 15–20 Minuten nachgaren lassen. Die Bratpfanne beiseite stellen.

7 Die Cherrytomaten je nach Grösse halbieren oder vierteln. Mit Salz und Pfeffer würzen.

8 Das restliche Olivenöl in die beiseite gestellte Bratpfanne geben und erhitzen. Die Pinienkerne und die Salbeistreifchen beifügen und rösten. Die Cherrytomaten beifügen und unter gelegentlichem Durchschütteln der Pfanne 3–4 Minuten dünsten. Über die Schnitzel verteilen und diese sofort servieren.

Dazu passt:

- Teigwaren wie Farfalle, Müschelchen, Spiralen
- Spinat- oder Zucchettirisotto
- In Olivenöl gebratene kleine Schalenkartoffeln
- Gebratene Küchlein aus rohen geriebenen Kartoffeln und Zucchetti
- Zuckermais-Galetten: 100 g Mehl mit 150 ml Milch glatt rühren. 1 Ei darunter schlagen und den Teig mit Salz und Pfeffer würzen. Etwa 15 Minuten ausquellen lassen. 1 kleine Dose Zuckermais gut abtropfen lassen und untermischen. Bratbutter erhitzen. Jeweils 1 Esslöffel Teig hineingeben und daraus kleine Küchlein backen.

Zubereitung auch geeignet für:

Pouletbrüstchen: In die Brustfilets eine Tasche schneiden. Die Schinkenscheiben mit Mascarpone-Gorgonzola-Creme bestreichen, zu einem Rechteck falten und in die Fleischtaschen füllen; mit Zahnstochern fixieren. Die gefüllten Pouletbrüstchen je nach Grösse 6–8 Minuten anbraten, dann bei 80 Grad 20–30 Minuten nachgaren lassen.

Kalbsgeschnetzeltes an Sauerampfersauce

Kleine Variation – grosse Wirkung: Man verfeinert eine cremige Rahmsauce mit einer Hand voll Sauerampfer, und schon hat man eine besonders würzige Variante des Zürcher Geschnetzelten. Anstelle von Sauerampfer, der oft nur im Frühling und Sommer erhältlich ist, kann man die Sauce auch mit Basilikum, Estragon oder Dill würzen – und erhält immer wieder eine Sauce mit neuem Charakter.

Für 4 Personen

Zubereiten inkl. Nachgaren: 20 Minuten

500 g geschnetzeltes Kalbfleisch
Salz, schwarzer Pfeffer aus der Mühle
1 Esslöffel Bratbutter
50 ml Noilly Prat (trockener Wermut)
2 Schalotten
1 Esslöffel Butter
100 ml Weisswein
150 ml Hühnerbouillon
200 ml Doppelrahm
1–1½ Bund Sauerampfer

1 Den Backofen auf 70 Grad vorheizen und eine Platte mitwärmen.

2 Das Geschnetzelte mit Salz und Pfeffer würzen. Eine Bratpfanne leer erhitzen. Die Hälfte der Bratbutter hineingeben und kräftig erhitzen. Die Hälfte des Geschnetzelten beifügen, mit dem Spachtel möglichst flach verteilen und ohne Wenden auf der ersten Seite gut 1 Minute braten. Wenden und das Fleisch auf der zweiten Seite nur noch ½ Minute weiterbraten. Sofort auf die vorgewärmte Platte im Ofen geben. Die restliche Bratbutter erhitzen und die zweite Portion Fleisch auf die gleiche Weise braten. Das Geschnetzelte im vorgewärmten Ofen 15–20 Minuten nachgaren lassen.

3 Den Bratensatz mit dem Noilly Prat auflösen. Durch ein Sieb giessen und beiseite stellen.

4 Die Schalotten schälen und sehr fein hacken. In der Butter glasig dünsten. Weisswein, Bouillon und den beiseite gestellten Bratenjus beifügen und alles auf knapp 100 ml einkochen lassen. Dann den Doppelrahm beifügen und die Sauce noch so lange lebhaft kochen lassen, bis sie cremig bindet.

5 Die Stiele der Sauerampferblätter entfernen. Die Blätter grob hacken. Am Schluss in die Sauce geben und diese mit Salz sowie Pfeffer abschmecken. Die Sauce über das Fleisch geben.

Dazu passt:

- Feine oder breite Nudeln
- In Butter gebratene kleine Schalenkartoffeln
- Rösti
- Trockenreis

Zubereitung auch geeignet für:

Pouletstreifen: Pouletbrüstchen in kleinfingerdicke Streifen schneiden und wie im Rezept beschrieben zubereiten.

Kalbsgeschnetzeltes mit Zucchetti an Dillsauce

Ob man die Zucchetti separat im Dampf gart – wie für unser Rezeptfoto – oder zusammen mit der Sauce zubereitet, ist Geschmackssache. Leichter und linienfreundlicher ist bestimmt die erste Art, kulinarisch ein besonderer Genuss die zweite. Werden die Zucchetti gedämpft und quasi als Unterlage für das Geschnetzelte angerichtet, braucht man für die Zubereitung der Sauce nur die Hälfte des Rahms.

Für 4 Personen

Zubereiten inkl. Nachgaren: 20 Minuten

400 g möglichst kleine Zucchetti
1 kleine Zwiebel
500 geschnetzeltes Kalbfleisch
Salz, schwarzer Pfeffer aus der Mühle
1–2 Esslöffel Bratbutter
1 Esslöffel Butter
100 ml Weisswein
200 ml Rahm
1 Bund Dill

1 Den Backofen auf 70 Grad vorheizen und eine Platte mitwärmen.

2 Den Stielansatz der Zucchetti entfernen, die Früchte der Länge nach vierteln und in etwa 3 cm lange Stücke schneiden. Die Zwiebel schälen und fein hacken.

3 Das Geschnetzelte mit Salz und Pfeffer würzen. Eine Bratpfanne leer erhitzen. Die Hälfte der Bratbutter hineingeben und kräftig erhitzen. Die Hälfte des Fleischs beifügen, mit dem Spachtel möglichst flach verteilen und ohne Wenden auf der ersten Seite 1 Minute anbraten, wenden und auf der zweiten Seite nur noch ½ Minute weiterbraten. Sofort auf die vorgewärmte Platte

Kalbfleischtaschen mit Cherrytomaten

Kalbsgeschnetzeltes an Sauerampfersauce

in den vorgeheizten Ofen geben. Die restliche Bratbutter erhitzen und die zweite Portion Fleisch auf die gleiche Weise braten. Das Geschnetzelte bei 70 Grad 15–20 Minuten nachgaren lassen.

4 Im Bratensatz die Butter erhitzen. Die Zwiebel darin hellgelb dünsten. Die Zucchetti beifügen und kurz mitrösten. Mit Salz und Pfeffer würzen. Den Weisswein dazugiessen und auf grosser Hitze 2–3 Minuten einkochen lassen. Den Rahm beifügen und alles unter gelegentlichem Wenden noch so lange kochen lassen, bis die Sauce leicht cremig bindet und die Zucchetti weich sind.

5 Inzwischen den Dill fein hacken.

6 Unmittelbar vor dem Servieren das Geschnetzelte und den Dill unter die Zucchetti mischen, wenn nötig nachwürzen, dann sofort servieren.

Dazu passt:

- Trocken- oder Bouillonreis
- Feine Nudeln
- Gebratene kleine Schalenkartoffeln
- Rösti
- Bulgur: Auf 1 Tasse groben Bulgur 2 Tassen Salzwasser oder Bouillon in einen Topf geben, aufkochen und den Bulgur hineingeben. Zugedeckt auf der ausgeschalteten Herdplatte etwa 20 Minuten ausquellen lassen. Nach Belieben vor dem Servieren den Bulgur in etwas Butter kurz dünsten oder sogar leicht braten.

Zubereitung auch geeignet für:

Pouletstreifen: Pouletbrüstchen in kleinfingerdicke Streifen schneiden und wie im Rezept beschrieben zubereiten.

Kalbsgeschnetzeltes an Oliven-Limonen-Sauce

Köstliches aus der südfranzösischen Sonnenküche: Grüne Oliven, Frühlingszwiebeln, Estragon und eine würzige Limonensauce begleiten geschnetzeltes Kalbfleisch. Wer wenig Säure bevorzugt, gibt erst einmal die Hälfte des Limonensafts zur Sauce und schmeckt dann am Schluss nach Belieben ab. Wem Estragon als Gewürz zu dominant ist, kann Thymian oder glattblättrige Petersilie verwenden, und die Limone kann selbstverständlich durch Zitrone ersetzt werden.

Für 4 Personen

Zubereiten inkl. Nachgaren: 35 Minuten

8–10 grüne Oliven ohne Stein
1 kleine Frühlingszwiebel
1 Limone
1 gehäufter Teelöffel Zucker
500 g geschnetzeltes Kalbfleisch
Salz, Pfeffer, Paprika
1 Esslöffel Butter
4 Esslöffel Olivenöl
100 ml heller Portwein oder halb trockener Sherry, halb Weisswein
200 ml Rahm
½ Bund Estragon

1 Den Backofen auf 70 Grad vorheizen und eine Platte mitwärmen.

2 Die Oliven in Streifchen schneiden. Die Frühlingszwiebel mitsamt schönem Grün fein hacken. Die Schale von ½ Limone dünn ablösen (nur das Grüne, die weissen Schalenteile sind bitter!) und in feinste Streifchen schneiden. Den Saft der Limone auspressen.

Kalbsgeschnetzeltes mit Zucchetti an Dillsauce

3 In einem kleinen Topf 50–75 ml Wasser mit dem Zucker aufkochen. Die Limonenschalenstreifchen beifügen und alles so lange kochen, bis die Flüssigkeit praktisch vollständig verdampft ist. Beiseite stellen.

4 Das Kalbfleisch mit Salz, Pfeffer und Paprika würzen. Eine Bratpfanne leer erhitzen. Die Hälfte der Butter und des Olivenöls hineingeben und kräftig erhitzen. Die Hälfte des Fleischs beifügen, mit dem Spachtel möglichst flach verteilen und ohne Wenden auf der ersten Seite 1 Minute anbraten, dann wenden und auf der zweiten Seite nur noch ½ Minute weiterbraten. Sofort auf die vorgewärmte Platte in den 70 Grad heissen Ofen geben. Die restliche Butter und das Olivenöl erhitzen und die zweite Portion Fleisch auf die gleiche Weise braten. Das Geschnetzelte bei 70 Grad 15–20 Minuten nachgaren lassen.

5 Im Bratensatz die Frühlingszwiebel andünsten. Mit dem Portwein oder der Sherry-Weisswein-Mischung sowie dem Limonensaft ablöschen und gut zur Hälfte einkochen lassen. Den Rahm beifügen und wiederum so lange reduzieren, bis die Sauce leicht bindet.

6 Inzwischen den Estragon fein hacken. Mit den Olivenstreifchen zur Sauce geben und diese mit Salz, Pfeffer sowie Paprika abschmecken.

7 Zum Servieren die heisse Sauce mit dem Fleisch mischen, anrichten und mit den Zitronenstreifchen bestreuen.

Dazu passt:

- Trockenreis
- Weisswein- oder Safranrisotto (Rezept Seite 115)
- Feine oder breite Nudeln
- Gebratene kleine Schalenkartoffeln
- Rösti
- Bulgur (Rezept Seite 44)

Zubereitung auch geeignet für:

- Pouletstreifen: Pouletbrüstchen in kleinfingerdicke Streifen schneiden und wie im Rezept beschrieben zubereiten.
- Schweinsfilet: In kleinfingerdicke Streifen schneiden und wie im Rezept beschrieben zubereiten.

Kalbsleber mit Mango an Pfeffersauce

Grüne Pfefferkörner, die für die Sauce dieses Gerichts Verwendung finden, sind noch unreif, schmecken aber dennoch würzig und fruchtig und nicht allzu scharf. Sie sind gelegentlich frisch in Asienläden oder gut sortierten Lebensmittelgeschäften erhältlich. Fast überall findet man die in Salz- oder Essiglake eingelegten grünen Pfefferkörner. Sie werden vor der Verwendung gründlich abgespült und im Mörser grob zerdrückt oder gehackt, am einfachsten mit dem Zwiebelhacker. Für dieses Gericht nicht geeignet sind gefriergetrocknete grüne Pfefferkörner; sie werden auch nach langem Einlegen in Wasser nicht wieder weich.

Für 4 Personen

Zubereiten: 25 Minuten

1 reife, nicht zu weiche Mango
1 Esslöffel eingelegte grüne Pfefferkörner
1 Esslöffel Bratbutter
1 Teelöffel Puderzucker
4 grosse Tranchen Kalbsleber
1 Esslöffel Mehl
1 Esslöffel Bratbutter
Salz
2 Esslöffel Balsamicoessig
50 ml Weisswein
100 ml leichte Hühnerbouillon oder Kalbsfond
Pfeffer aus der Mühle
30 g Butter zum Verfeinern der Sauce

1 Die Mango schälen, das Fruchtfleisch vom Stein schneiden, dann in Schnitze teilen.

2 Die Pfefferkörner in ein kleines Sieb geben und kurz warm abspülen. Dann leicht zerdrücken.

3 In einer beschichteten Bratpfanne die Butter schmelzen. Die Mangoschnitze hineingeben, mit dem Puderzucker bestäuben und die Früchte kurz erhitzen. Beiseite stellen.

4 Die Kalbslebertranchen auf der Arbeitsfläche auslegen. Das Mehl in ein kleines Sieb geben und das Fleisch damit leicht bestäuben. In der heissen Bratbutter auf jeder Seite etwa 1½ Minuten rosa braten. Salzen, herausnehmen und zugedeckt warm stellen.

5 Den Bratensatz mit dem Essig, dem Weisswein und der Bouillon oder dem Fond ablöschen. Zur Hälfte einkochen lassen. Dann den Pfeffer beifügen. Die Butter in kleinen Stücken in die Sauce geben und einziehen lassen. Wenn nötig mit Salz abschmecken.

6 Die Kalbsleber und die Mangoschnitze auf vorgewärmten Tellern anrichten und mit Sauce umgiessen.

Dazu passt:
- Gebratene Spätzli
- Weissweinrisotto
- Kartoffel-Apfel-Püree (Rezept Seite 105)
- Kartoffelgratin, evtl. statt mit Rahm mit Bouillon und Zwiebelstreifen zubereitet
- Gedünsteter Blattspinat

Zubereitung auch geeignet für:

Rumpsteak: Je nach Dicke und gewünschter Garstufe (blutig, rosa) 2½–4 Minuten kräftig braten.

Kalbsgeschnetzeltes an Oliven-Limonen-Sauce

Kalbsleber mit Mango an Pfeffersauce

Schweinsfiletstreifen an Senf-Pfeffer-Sauce

Zwei verschiedene Senfsorten – nämlich milder und grobkörniger Senf – sowie etwas grüner Pfeffer würzen diese Sauce zu gebratenen Streifen vom Schweinsfilet. Wer mag, gibt noch etwas süssen Senf oder Orangensenf dazu; dadurch erhält die Sauce eine ganz besondere Note.

Für 4 Personen

Zubereiten inkl. Nachgaren: 25 Minuten

500 g Schweinsfilet
1 Zwiebel
Salz, schwarzer Pfeffer aus der Mühle
1 Esslöffel Bratbutter
200 ml Weisswein
1½–2 Teelöffel eingelegter grüner Pfeffer
1 gehäufter Esslöffel grobkörniger Senf
1 gehäufter Esslöffel milder Senf
100 ml Rahm
50 g Crème fraîche
1 Bund Schnittlauch

1 Den Backofen auf 70 Grad vorheizen und eine Platte mitwärmen.

2 Das Schweinsfilet in 1 cm dicke Scheiben und diese in Streifen schneiden.

3 Die Zwiebel schälen und sehr fein hacken.

4 Die Schweinsfiletstreifen mit Salz und Pfeffer würzen. Die Bratbutter kräftig erhitzen. Das Fleisch darin auf der ersten Seite gut 1 Minute, auf der zweiten nur noch ½ Minute braten. Sofort auf die vorgewärmte Platte geben und im 70 Grad heissen Ofen 15–20 Minuten nachgaren lassen.

5 Im Bratensatz die Zwiebel andünsten. Mit dem Weisswein ablöschen und gut zur Hälfte einkochen lassen.

6 Inzwischen die Pfefferkörner in ein kleines Sieb geben und kurz warm spülen. Dann grob hacken oder im Mörser zerdrücken. Mit den beiden Senfsorten, dem Rahm und der Crème fraîche in einem Schüsselchen gut mischen. Den Schnittlauch mit einer Schere dazuschneiden.

7 Wenn der Wein eingekocht ist, die Rahmmischung beifügen und noch so lange kochen lassen, bis die Sauce cremig bindet. Mit Salz, Pfeffer und nach Belieben etwas Senf abschmecken. Über das Fleisch geben und sofort servieren.

Dazu passt:

- Feine grüne Nudeln
- Rösti
- Gebratene kleine Schalenkartoffeln
- Kartoffel-Apfel-Püree (Rezept Seite 105)
- Gedünstete Karotten
- Mit Zwiebeln und Knoblauch in Olivenöl gedünsteter Blattspinat
- Mit Zwiebeln, Knoblauch, Peperoncino in Olivenöl gebratene Zucchetti

Zubereitung auch geeignet für:

- Pouletstreifen: Brustfilets in kleinfingerdicke Streifen schneiden und nach Rezept zubereiten.
- Kalbsgeschnetzeltes: Nach Rezept zubereiten.
- Rindsfilet: Das Fleisch in grosse Würfel von etwa 2 x 2 cm schneiden, würzen, 1½–2 Minuten anbraten und im 80 Grad heissen Ofen 20–30 Minuten nachgaren lassen. Die Sauce nach Rezept zubereiten.

Knoblauchkoteletts in Rosmarinrahm

Schweinskoteletts einmal anders: mit Knoblauch gespickt und in einer würzigen Portwein-Rosmarin-Rahmsauce mit Saucenzwiebelchen langsam geschmort. Anstelle von weissem Portwein kann man gut auch einen trockenen Sherry für die Sauce verwenden. Doppelrahm lässt sich notfalls durch 200 ml Vollrahm ersetzen, den man vor der Zubereitung dicklich einkochen lässt.

Für 4 Personen

Zubereiten: etwa 30 Minuten

4 Knoblauchzehen
4 Schweinskoteletts
20–24 Saucenzwiebelchen
1 Rosmarinzweig
1 Esslöffel Bratbutter
Salz, schwarzer Pfeffer aus der Mühle
150 ml trockener weisser Portwein oder Sherry
100 ml Doppelrahm

1 Die Knoblauchzehen schälen und in feine Stifte schneiden. In der Oberfläche und den Seitenrändern der Koteletts mit einem spitzen Messer kleine Einschnitte anbringen und die Knoblauchstifte hineinstecken.
2 1–1½ Liter Wasser aufkochen. Die Saucenzwiebelchen ungeschält hineingeben und gut 1 Minute blanchieren. Abschütten und sofort kalt abschrecken. Den Wurzelansatz abschneiden und die Zwiebelchen aus den Häuten drücken.
3 Die Rosmarinnadeln hacken.
4 Die Koteletts beidseitig mit Salz und Pfeffer würzen. In der heissen Bratbutter von beiden Seiten nur kurz, aber kräftig anbraten. Aus der Pfanne nehmen.
5 Die Zwiebelchen zum Bratensatz geben und 4–5 Minuten anrösten. Mit dem Portwein oder Sherry ablöschen und sehr gut einkochen lassen, so dass nur noch etwa 50 ml Flüssigkeit bleibt. Dann den Doppelrahm und den Rosmarin beifügen. Einmal aufkochen. Die Koteletts in die Sauce legen und zugedeckt auf kleinster Hitze etwa 10 Minuten gar ziehen lassen. Wichtig: Die Sauce darf nicht kochen, sonst werden die Koteletts zäh!

Dazu passt:
- Trocken- oder Bouillonreis, nach Belieben mit gedünsteten Gemüsewürfelchen gemischt
- Feine oder breite Nudeln
- Kartoffel-Apfel-Püree (Rezept Seite 105)
- Kartoffelküchlein
- In Olivenöl mit Zwiebeln und Knoblauch gebratene Peperoni (Paprika)
- Gedünstete Karotten

Zubereitung auch geeignet für:

Kalbskoteletts: Wie im Rezept beschrieben zubereiten.

Schweinsfiletstreifen an Senf-Pfeffer-Sauce

Knoblauchkoteletts in Rosmarinrahm

Schweinskoteletts Dijonnaise

Fein gewürfelte Gewürzgurke, Kapern, grobkörniger Senf und Rahm sind die Zutaten zum Saucenglück für diese im Ofen fertig gegarten Koteletts. Wer Estragon mag, gibt mit dem Rahm etwa ½ Bund gehacktes Kraut in die Sauce und lässt dafür am Schluss den Schnittlauch weg.

Für 4 Personen

Zubereiten inkl. Braten im Ofen: 30 Minuten

4 Schweinskoteletts
Salz, Pfeffer aus der Mühle
2 Esslöffel Bratbutter
100 ml weisser Portwein oder Noilly Prat (trockener Wermut)
1 Schalotte
2 Teelöffel Kapern
1 grosse Gewürzgurke
1 Teelöffel Butter
100 ml Hühnerbouillon
1 Esslöffel grobkörniger Dijonsenf
150 ml Rahm
einige Tropfen Zitronensaft
1 Bund Schnittlauch

1 Den Backofen auf 140 Grad vorheizen und eine Platte mitwärmen.
2 Die Koteletts mit Salz und Pfeffer würzen. In der heissen Bratbutter rundum – auch an den Seiten – je nach Dicke während insgesamt 2½–3 Minuten anbraten. Auf die vorgewärmte Platte geben und im 140 Grad heissen Ofen 20 Minuten gar ziehen lassen.
3 Bratfett abgiessen. Bratensatz mit Portwein oder Noilly Prat ablöschen, absieben und beiseite stellen.
4 Die Schalotte schälen und fein hacken. Kapern und Gurke unter kaltem Wasser abspülen. Die Kapern halbieren, die Gurke sehr klein würfeln.
5 Die Schalotte in der Butter hellgelb dünsten. Den beiseite gestellten Bratenjus und die Bouillon dazugiessen und auf grosser Hitze etwa 2 Minuten einkochen lassen. Dann den Senf und den Rahm beifügen und die Sauce noch so lange kochen, bis sie leicht bindet. Am Schluss Kapern und Gurke dazugeben und die Sauce mit Salz, Pfeffer und Zitronensaft abschmecken.
6 Die Koteletts mit Sauce begiessen und den Schnittlauch mit einer Schere darüber schneiden.

Dazu passt:
- Trockenreis
- Breite Nudeln
- Gebratene kleine Schalenkartoffeln
- Bratkartoffeln oder Rösti
- In Olivenöl mit Zwiebeln und Knoblauch gebratene Peperoni (Paprika)
- Gedünsteter Kabis (Weisskohl), zum Garen in Achtel geschnitten
- Rotkraut

Zubereitung auch geeignet für:
- Schweinsfilet: Als ganzes Filet wie im Rezept beschrieben zubereiten und zum Servieren in Scheiben aufschneiden.
- Pouletbrüstchen: Die ganzen Brüstchen wie im Rezept beschrieben zubereiten und zum Servieren in Scheiben aufschneiden.
- Rindsfiletmedaillons: Auf jeder Seite nur gerade 1 Minute anbraten. Anschliessend wie im Rezept beschrieben weiterfahren, jedoch nur 15 Minuten im Ofen gar ziehen lassen.

Schweinsmedaillons mit Dörrtomatenkruste auf Kartoffelgratin

Der würzige Gratin, auf dem das Fleisch kurz überbacken wird, soll sehr saftig, fast flüssig sein, da es zum Gericht keine Sauce gibt. Die zum Überbacken benötigte Zeit kann leicht variieren, je nachdem wie schnell der Grill beziehungsweise die Oberhitze aufgeheizt ist. Bei Verwendung des Grills die Backofentür immer mit Hilfe eines Kochlöffels einen Spalt breit offen lassen, da unter leichter Luftzufuhr die Grillschlange schneller aufheizt. Im Frühling und Sommer kann man die Zwiebeln sehr gut durch 3–4 Frühlingszwiebeln ersetzen.

Für 4 Personen

Vorbereiten: 15 Minuten
Backen des Gratins: 40 Minuten
Fertig stellen: 10 Minuten

4 grosse Kartoffeln
2 mittlere Zwiebeln
Pfeffer aus der Mühle
40 g geriebener Parmesan oder Sbrinz
¼ l Hühnerbouillon
12 in Öl eingelegte Dörrtomaten
2 grosse Schalotten
2 Knoblauchzehen
4 Esslöffel Pinienkerne
1 Bund Basilikum
4–5 Esslöffel Öl von den eingelegten Tomaten
8 Schweinsmedaillons, je ca. 2 cm dick aus dem Filet geschnitten
Salz
100 ml Rahm

1 Den Backofen auf 200 Grad vorheizen.

2 Die Kartoffeln schälen und in dünne Scheiben schneiden oder hobeln. Die Zwiebel schälen, halbieren und in Streifen schneiden. Abwechselnd Kartoffeln, Zwiebeln, etwas frisch gemahlenen Pfeffer sowie die Hälfte des Käses in eine gut ausgebutterte Gratinform schichten. Die Bouillon dazugiessen. Den Gratin im 200 Grad heissen Ofen etwa 40 Minuten backen.

3 Inzwischen Dörrtomaten auf Küchenpapier abtropfen lassen. Schalotten und Knoblauch schälen. Alle diese Zutaten sowie Pinienkerne und Basilikum hacken. In der Hälfte des Tomatenöls 2–3 Minuten dünsten. Abkühlen lassen. Dann restlichen Käse untermischen.

4 Wenn die Kartoffeln im Gratin weich sind, die Schweinsmedaillons mit Salz und Pfeffer würzen. Im restlichen Tomatenöl insgesamt 2 Minuten anbraten.

5 Den Gratin aus dem Ofen nehmen und mit dem Rahm beträufeln. Den Backofen auf 230 Grad auf Grillstufe oder Oberhitze einstellen. Die Schweinsmedaillons in den Gratin setzen und die Tomatenmasse darauf verteilen. Leicht andrücken. Den Gratin in der Mitte des Ofens einschieben und unter dem Grill 8–10 Minuten, bei Oberhitze 10–12 Minuten überbacken.

Dazu passt:

- Gemischter Blattsalat
- Karotten- und/oder Randensalat

Zubereitung auch geeignet für:

- Kalbsfiletmedaillons: Nach Rezept zubereiten.
- Pouletbrüstchen: Je nach Dicke 5–7 Minuten anbraten, dann nach Rezept überbacken.
- Lammrückenfilets: Ganze Filets je nach Grösse 2–3 Minuten anbraten, dann nach Rezept überbacken.

Schweinskoteletts Dijonnaise

Schweinsmedaillons mit Dörrtomatenkruste auf Kartoffelgratin

Schweinsschnitzel Babuschka

Eine rassige Paprikasauce mit frischen Champignons, reichlich Zwiebeln und Speck begleitet diese herzhaften Schweinsschnitzel. Obwohl sämtlicher Gewürzpaprika aus der gleichen Paprikasorte gewonnen wird, gibt es grosse Unterschiede in Schärfe und Aroma. Der Grund dafür liegt im unterschiedlichen Anteil Samen im Pulver: Am höchsten ist dieser beim scharfen Rosenpaprika, wesentlich niedriger beim milden und feinen Delikatess- oder beim edelsüssen Paprika. Die beiden letzteren Sorten haben einen fein fruchtigen Geschmack und können deshalb löffelweise an ein Gericht gegeben werden. Besonders intensiv entfaltet Paprika sein Aroma, wenn man ihn vor der Beigabe zuerst kurz in etwas Fett auf kleiner Hitze andünstet und erst dann die Garflüssigkeit beifügt.

Für 4 Personen

Zubereiten: etwa 40 Minuten

1 grosse Zwiebel
250 g frische Champignons
50 g magerer Bratspeck
8 Schweinsschnitzelchen, je ca. 70 g schwer
Salz, schwarzer Pfeffer
1 Teelöffel Mehl
1 Esslöffel Bratbutter
1 Esslöffel edelsüsser Paprika
2 Messerspitzen Rosenpaprika
100 ml Weisswein
100 ml Fleischbouillon
1 Bund Petersilie
150 ml Rahm
20 g Butter
1 gestrichener Esslöffel Mehl

1 Die Zwiebel schälen und fein hacken. Die Champignons rüsten und in Scheiben schneiden. Den Speck in Streifchen schneiden.

2 Die Schweinsschnitzel mit Salz und Pfeffer würzen und leicht mit Mehl bestäuben. In der heissen Bratbutter in zwei Portionen anbraten: Jeweils auf der ersten Seite 1 Minute, auf der zweiten nur noch gerade ½ Minute braten. Aus der Pfanne nehmen und beiseite stellen.

3 Im Bratensatz den Speck anbraten. Dann die Hitze reduzieren und die Zwiebel sowie die beiden Paprikasorten beifügen. Alles unter Wenden dünsten. Nun die Champignons beifügen und kurz mitdünsten. Mit dem Weisswein und der Bouillon ablöschen. Die Sauce bei starker Hitze etwa zur Hälfte einkochen lassen.

4 Die Petersilie fein hacken.

5 Den Rahm zur Sauce giessen und aufkochen. Butter und Mehl mit einer Gabel verkneten. Flockenweise in die leicht kochende Sauce einrühren; diese soll leicht binden. Die Petersilie beifügen und mit Salz und Pfeffer abschmecken.

6 Die Hitze auf kleinste Stufe reduzieren. Die Schweinsschnitzel in die Sauce legen und zugedeckt 8–10 Minuten gar ziehen lassen; die Sauce darf dabei nicht kochen, sonst wird das Fleisch zäh!

Dazu passt:

- Trockenreis
- Feine oder breite Nudeln
- Gebratene kleine Schalenkartoffeln
- Rösti
- Kartoffelküchlein
- Gebratene Maistaler: 200 ml Milch und 400 ml Bouillon aufkochen. 125 g groben Maisgriess hineingeben und zugedeckt auf kleinster Hitze etwa 30

Minuten ausquellen lassen. Inzwischen ½ kleine Lauchstange in kleine Würfelchen schneiden. In 100 ml kochendem Salzwasser 1 Minute blanchieren. Abschütten und abtropfen lassen. Den Lauch, 4 gehäufte Esslöffel Maiskörner aus der Dose, 2 Esslöffel geriebenen Sbrinz und 1 Esslöffel Butter unter den fertigen Maisbrei rühren. Nachwürzen und auskühlen lassen. Von der Maismasse jeweils 1 gehäuften Esslöffel abstechen und in etwas Paniermehl zu kleinen Küchlein formen. In heisser Bratbutter oder Olivenöl beidseitig goldbraun braten.

Zubereitung auch geeignet für:

- Kalbsschnitzel: Gleiche Zubereitung wie Schweinsschnitzel, jedoch nur 6–8 Minuten gar ziehen lassen.
- Pouletbrüstchen: Je nach Dicke der Brustfilets 2–3 Minuten anbraten, dann nach Rezept fertig stellen.

Schweinsfiletröllchen mit Currylauch auf Linsen

Ein pikant-würziges Lauchgemüse ist die Füllung von kleinen, besonders zarten Schweinsschnitzeln, die für einmal aus dem Filet geschnitten werden. Angerichtet werden sie auf einem attraktiven Linsengemüse, das auch zu vielen anderen kurz gebratenen Fleischgerichten passt. Rote und gelbe Linsen haben übrigens nur eine kurze Kochzeit. Unbedingt überwachen beim Garen, sonst zerkochen sie!

Für 4 Personen

Vorbereiten: 30 Minuten
Nachgaren inkl. Zubereiten der Linsen: 30 Minuten

2 grosse Stangen Lauch
1 kleines Stück frischer Ingwer, ca. 1 cm lang
2–3 Esslöffel Olivenöl zum Dünsten
1 Teelöffel mildes Currypulver
1 Esslöffel Sojasauce
Salz, Pfeffer
1 grosses Schweinsfilet, ca. 500 g
2–3 Esslöffel Olivenöl zum Braten
100 ml Noilly Prat (trockener Wermut)
200 g rote Linsen
1 Schalotte
1 Teelöffel Butter
100 ml Rahm
½ Bund glattblättrige Petersilie oder Koriander

1 Den Lauch rüsten, der Länge nach halbieren, waschen und in zündholzlange Streifchen schneiden.
2 Den Ingwer schälen und fein reiben.

Schweinsschnitzel Babuschka

Schweinsfiletröllchen mit Currylauch auf Linsen

3 Das Olivenöl erhitzen. Lauch und Ingwer darin andünsten. Curry darüber stäuben und den Lauch 3–4 Minuten im eigenen Saft dünsten. Mit Sojasauce, Salz und Pfeffer abschmecken. Auskühlen lassen.

4 Das Schweinsfilet in knapp 1 cm dicke Scheiben schneiden und diese zwischen Klarsichtfolie mit dem Teigroller möglichst flach und gross klopfen. Je etwas Lauchfüllung darauf verteilen und aufrollen. Mit Zahnstochern fixieren oder mit Küchenschnur binden.

5 Den Backofen auf 80 Grad vorheizen und eine Platte mitwärmen.

6 In einer Bratpfanne das Olivenöl kräftig erhitzen. Die Fleischröllchen mit Salz und Pfeffer würzen und insgesamt nur gerade 1½ Minuten anbraten. Auf die vorgewärmte Platte geben und im 80 Grad heissen Ofen 30 Minuten nachgaren lassen.

7 Den Bratensatz mit Noilly Prat ablöschen und gut zur Hälfte einkochen lassen. Beiseite stellen.

8 Die Linsen in Salzwasser 10–12 Minuten bissfest garen. Abschütten und abtropfen lassen.

9 Die Schalotten schälen und fein hacken. In der Butter hellgelb dünsten. Die Linsen, den Bratenjus sowie den Rahm beifügen. Mit Salz und Pfeffer würzen. Petersilie oder Koriander hacken und am Schluss beifügen. Die Fleischröllchen auf dem Linsenbett anrichten.

Dazu passt:

- Salzkartoffeln
- Gebratene kleine Schalenkartoffeln
- Trockenreis

Zubereitung auch geeignet für:

Rindshuft: Vom Metzger in möglichst dünne Scheiben aufschneiden lassen; wenn nötig noch etwas dünner klopfen. Nach Rezept zubereiten.

Schweinssteak an Olivensauce

Oliven unterscheiden sich je nach ihrer Herkunft beträchtlich in Qualität und Preis. Vielerorts sind sie auf Wochenmärkten oder in gut sortierten Lebensmittelgeschäften im Offenverkauf erhältlich. Meist preisgünstiger sind die bereits entsteinten Oliven aus dem Beutel; sie haben einen weniger ausgeprägten Geschmack und sind deshalb ideal zum Kochen, weil sie das Gericht nicht dominieren. Für diese Olivensauce verwendet man entweder nur grüne Oliven oder halb grüne, halb schwarze Früchte. Ausschliesslich schwarze Oliven sind hier geschmacklich weniger empfehlenswert, da sie meist ein sehr intensives Aroma haben.

Für 4 Personen

Zubereiten inkl. Nachgaren: 35–40 Minuten

100 g grüne Oliven oder halb grüne, halb schwarze gemischt
1 Schalotte
1 Knoblauchzehe
4 Schweinssteak, aus dem Nierstück geschnitten
1 Teelöffel Senf
Salz, schwarzer Pfeffer aus der Mühle
3–4 Esslöffel Olivenöl
50 ml Noilly Prat (trockener Wermut)
100 ml Weisswein
200 ml Rahm
1 Bund Kerbel oder glattblättrige Petersilie

1 Den Backofen auf 80 Grad vorheizen und eine Platte mitwärmen.

2 Die Oliven entsteinen und in Streifchen schneiden. Die Schalotte und die Knoblauchzehe schälen und fein hacken.

3 Die Schweinssteaks beidseitig dünn mit Senf bestreichen und mit Salz und Pfeffer würzen. Im heissen Olivenöl je nach Dicke der Steaks 3–4 Minuten braten. Dann sofort auf die vorgewärmte Platte geben und im 80 Grad heissen Ofen 20–30 Minuten nachgaren lassen.
4 Im Bratensatz Oliven, Schalotte und Knoblauch andünsten. Mit dem Noilly Prat und dem Weisswein ablöschen und gut zur Hälfte einkochen lassen. Den Rahm beifügen und die Sauce noch so lange kochen lassen, bis sie leicht cremig bindet. Mit Salz und Pfeffer abschmecken.
5 Den Kerbel oder die Petersilie fein hacken. Kurz vor dem Servieren zur Sauce geben.
6 Die Schweinssteaks nach Belieben quer zur Faser in Streifen aufschneiden, auf vorgewärmten Tellern anrichten und mit Sauce überziehen.

Dazu passt:
- Trocken- oder Bouillonreis
- Salzkartoffeln
- Gebratene kleine Schalenkartoffeln
- Bulgur (Rezept Seite 44)
- Gebratene Maistaler (Rezept Seite 55)
- In Butter gedünsteter Fenchel
- In Olivenöl gedünsteter Blattspinat

Zubereitung auch geeignet für:
- Kalbssteak, aus dem Nierstück geschnitten: Gleiche Zubereitung.
- Pouletbrüstchen: Je nach Dicke 5–8 Minuten anbraten, dann nach Rezept weiterfahren.

Schweinsfiletwürfel mit Knoblauch, Salbei und Tomaten

Ein Ragout auf die Schnelle: In grosse Würfel geschnittenes Schweinsfilet wird kurz angebraten, im Ofen nachgegart und an einer würzigen Rahmsauce mit gedünsteten ganzen Knoblauchzehen, Cherrytomaten und Salbei serviert. Und keine Angst: Die Knoblauchzehen werden durch das Garen mild und leicht süsslich. Den Doppelrahm notfalls ersetzen durch ¼ Liter Vollrahm, den man auf 150 ml einkochen lässt und dann zur Sauce gibt.

Für 4 Personen

Zubereiten inkl. Nachgaren: etwa 30 Minuten

500–600 g Schweinsfilet
6–8 Salbeiblätter
Salz, schwarzer Pfeffer aus der Mühle
4 Esslöffel Olivenöl
50 ml Noilly Prat (trockener Wermut)
100 ml Weisswein
1 ganze Knoblauchknolle
100 ml Hühnerbouillon
16–20 Cherrytomaten
150 ml Doppelrahm

1 Den Backofen auf 80 Grad vorheizen und eine Platte mitwärmen.
2 Das Schweinsfilet in etwa 2 cm grosse Würfel schneiden. Die Salbei grob hacken. Über die Filetwürfel streuen und diese mit Salz und Pfeffer würzen.
3 Die Hälfte des Olivenöls kräftig erhitzen. Die Fleischwürfel darin rundum je nach Dicke 2–3 Minuten anbraten. Sofort auf die vorgewärmte Platte geben und im 80 Grad heissen Ofen 20–30 Minuten nachgaren lassen.

Schweinssteak an Olivensauce

Schweinsfiletwürfel mit Knoblauch, Salbei und Tomaten

4 Den Bratensatz mit dem Noilly Prat und dem Weisswein ablöschen. Gut zur Hälfte einkochen lassen. Beiseite stellen.
5 Die Knoblauchzehen auslösen und schälen, jedoch ganz belassen. Mit der Bouillon und dem Bratenjus in einem kleinen Topf zugedeckt weich kochen; dies dauert etwa 15 Minuten.
6 Inzwischen die Tomaten waschen und je nach Grösse halbieren oder vierteln. Mit Salz und Pfeffer würzen.
7 Wenn die Knoblauchzehen weich sind, die Tomaten sowie den Doppelrahm beifügen und alles noch so lange einkochen lassen, bis die Sauce leicht bindet. Mit Salz und Pfeffer abschmecken. Zuletzt die Schweinsfiletwürfel beifügen und nur noch gut heiss werden lassen. Sofort servieren.

Dazu passt:

- Feine oder breite Nudeln
- Trocken- oder Bouillonreis
- Gebratene kleine Schalenkartoffeln
- Gebratene Maistaler (Rezept Seite 55)

Zubereitung auch geeignet für:

- Pouletbrüstchen: Wie das Schweinsfilet in grosse Würfel schneiden, dann nach Rezept zubereiten.
- Geschnetzeltes Kalbfleisch: Unbedingt in 2 Portionen anbraten, und zwar auf der ersten Seite ohne Wenden 1 Minute, dann auf der zweiten nur noch gerade 30 Sekunden. Anschliessend bei 70 Grad nachgaren lassen. Die restliche Zubereitung bleibt sich gleich.

Besonders zart wird dieses Gericht, wenn man die Schnitzelchen aus dem Schweinsfilet schneidet. Lassen Sie sich in jedem Fall bezüglich Fleischqualität vom Metzger beraten. Die gedörrten Steinpilze vor Verwendung unbedingt einweichen, auch wenn sie in der Sauce gekocht werden. Sonst sind sie gerne zäh und geben ein zu dominantes Aroma an die Sauce ab.

Für 4 Personen

Pilze einweichen: mindestens 15 Minuten
Vorbereiten: 10 Minuten
Nachgaren inkl. Zubereiten der Sauce: 15–20 Minuten

20 g getrocknete Steinpilze
8 Scheiben magerer Bratspeck
1 Zwiebel
8–12 kleine, nicht zu dick geschnittene Schweinsschnitzelchen
Salz, schwarzer Pfeffer aus der Mühle
1 Esslöffel Bratbutter
150 ml Weisswein
60 g Butter
1 Bund Schnittlauch

1 Die Steinpilze in warmem Wasser mindestens 15 Minuten einweichen. Abtropfen lassen, dabei 50 ml Steinpilzjus beiseite stellen. Die Pilze in Streifen schneiden.
2 Den Backofen auf 80 Grad vorheizen und eine Platte mitwärmen.
3 Den Speck in Streifchen schneiden. Die Zwiebel schälen und fein hacken.
4 Die Schweinsschnitzelchen mit Salz und Pfeffer würzen. In der heissen Bratbutter auf jeder Seite sehr heiss

nur gerade 1 Minute braten. Auf die vorgewärmte Platte legen und im 80 Grad heissen Ofen 15–20 Minuten nachgaren lassen.
5 Inzwischen im Bratensatz die Bratspeckstreifen anbraten. Herausnehmen und über das Fleisch geben.
6 Im Bratensatz die Steinpilze und die Zwiebel andünsten. Den Weisswein und den beiseite gestellten Steinpilzjus dazugiessen und gut zur Hälfte einkochen lassen.
7 Unmittelbar vor dem Servieren die Butter in Flocken zum leicht kochenden Steinpilzjus geben und einziehen lassen. Den Schnittlauch mit einer Schere dazuschneiden und den Jus mit Salz und Pfeffer abschmecken. Über die Schweinsschnitzelchen giessen.

Dazu passt:
- Weissweinrisotto
- Gebratene kleine Schalenkartoffeln
- Rösti
- Kartoffel-Sellerie- oder Kartoffel-Apfel-Püree (Rezept Seite 105)
- Gebratene Maistaler (Rezept Seite 55)
- Gefüllte Tomaten (Rezept Seite 20)
- In Olivenöl mit viel Zwiebeln und Knoblauch gedünsteter Blattspinat
- Gedünstete Karotten

Zubereitungsart auch geeignet für:
- Rumpsteak: Je nach Dicke und gewünschter Garstufe insgesamt 2–3 Minuten anbraten. Dann nach Rezept weiterfahren.
- Lammchops: Je nach Dicke und gewünschter Garstufe insgesamt 3–4 Minuten anbraten. Dann nach Rezept weiterfahren.
- Truthahnschnitzel: Je nach Dicke insgesamt 2–3 Minuten anbraten. Dann nach Rezept weiterfahren.

Schweinsmedaillons in Schnittlauchrahm

Rohschinkenscheiben verleihen den zarten Fleischstücken beim Braten ein feines Aroma. Zur Abwechslung können es auch einmal hauchdünne Scheiben von gekochtem Schinken sein. Die Sauce verdankt ihre geschmackliche Note einem Schuss Cognac und ganz wenig geriebenem Käse. Im Hochsommer verwendet man anstelle von Schnittlauch viel gehackten Basilikum.

Für 4 Personen

Zubereiten: etwa 25 Minuten

1 kleinere Frühlingszwiebel
6 Scheiben Rohschinken
8–12 Schweinsmedaillons, aus dem Filet geschnitten, je ca. 2 cm dick
etwas edelsüsser Paprika
Salz, schwarzer Pfeffer aus der Mühle
1 Esslöffel Bratbutter
50 ml Noilly Prat (trockener Wermut)
2 Esslöffel Cognac
200 ml Rahm
1 Teelöffel milder Senf
25 g geriebener Sbrinz oder Parmesan
2 Bund Schnittlauch

1 Die Frühlingszwiebel mitsamt schönem Grün fein hacken.
2 Die Rohschinkenscheiben der Länge nach halbieren. Jedes Schweinsfiletmedaillon mit Paprika, Salz und Pfeffer würzen. Mit je ½ Scheibe Rohschinken umwickeln und diese mit einem Zahnstocher fixieren.
3 Die Medaillons in der heissen Bratbutter je nach Dicke insgesamt 4–5 Minuten braten. Warm stellen.

Schweinsschnitzelchen mit Steinpilzjus

Schweinsmedaillons in Schnittlauchrahm

4 Im Bratensatz die Frühlingszwiebel andünsten. Mit dem Noilly Prat und dem Cognac ablöschen und leicht einkochen lassen. Dann den Rahm dazugiessen, Senf und Käse beifügen und die Sauce noch so lange reduzieren, bis sie leicht bindet. Den Schnittlauch mit einer Schere in Röllchen darüber schneiden. Die Sauce mit Salz und Pfeffer abschmecken.
5 Die Medaillons auf vorgewärmten Tellern anrichten und mit Sauce umgiessen.

Dazu passt:

- Feine oder breite Nudeln
- Trockenreis mit gedünsteten Gemüsewürfelchen oder gerösteten Nüssen
- Gebratene kleine Schalenkartoffeln
- Gedünstete Karotten
- In Butter gedünstete Fenchelviertel
- Mit viel Petersilie gebratene Schwarzwurzeln

Zubereitung auch geeignet für:

- Pouletbrüstchen: Die Pouletbrüstchen mit einer ganzen Rohschinkenscheibe umwickeln und je nach Dicke 10–12 Minuten nicht zu heiss braten.
- Kalbsmedaillons: Nach Rezept zubereiten.

Lammfilets «aux aromates»

Eine «Wundertüte» von Gewürzen und Kräutern aromatisiert dieses Lammfleischgericht, das aus der französischen Küche stammt. Mit Lammfilets sind die kleinen, gut fingerdicken Filets von der Unterseite eines Lammkarrees gemeint. Sind diese nicht erhältlich, kann man auch entbeintes Lammgigot (Keule) verwenden.

Für 4 Personen

Zubereiten: etwa 30 Minuten

Ca. 500 g Lammfilets (siehe auch Einleitungstext)
1 Dose Artischockenherzen (250 g abgetropft)
1 kleine rote Peperoni (Paprika)
1 Frühlingszwiebel
1 Knoblauchzehe
½ Bund glattblättrige Petersilie
½ Bund Thymian
½ Teelöffel Curry
½ Teelöffel Paprika
½ Teelöffel Salz
einige Umdrehungen schwarzer Pfeffer aus der Mühle
1 Prise Muskat
1½ Esslöffel Bratbutter
150 ml Weisswein
1 Esslöffel milder Senf
½ Teelöffel Mehl
50 g Butter

1 Das Fleisch in Streifen schneiden.
2 Die Artischockenherzen in ein Sieb abschütten, gründlich warm abspülen, vierteln. Die Peperoni halbieren, entkernen und in dünne, nicht zu lange Streifen

Lammfilets «aux aromates»

schneiden. Die Frühlingszwiebel samt schönem Grün, den Knoblauch sowie die Petersilie fein hacken. Die Thymianblättchen von den Zweigen zupfen.

3 Curry, Paprika, Salz, Pfeffer und Muskat mischen. Die Lammstreifen damit würzen. Sofort in 2 Portionen in je der Hälfte der heissen Bratbutter während insgesamt 1½–2 Minuten rosa braten. Warm stellen.

4 Im Bratensatz Frühlingszwiebel, Knoblauch, Petersilie und Thymian andünsten. Artischockenherzen und Peperonistreifen beifügen und alles weitere 3–4 Minuten dünsten.

5 Den Weisswein dazugiessen. Senf und Mehl mischen und in der Sauce auflösen. Alles noch 2–3 Minuten kochen lassen. Dann die Butter in Flocken zur Sauce geben, einziehen lassen und mit Salz und Pfeffer abschmecken. Zuletzt die Lammstreifen untermischen, noch einmal aufkochen und sofort servieren.

Dazu passt:

- Weissweinrisotto
- Schmale grüne Nudeln
- Gebratene kleine Schalenkartoffeln
- Kartoffelgratin, mit Bouillon und Zwiebelstreifen zubereitet
- Gedünsteter Blattspinat

Zubereitung auch geeignet für:

- Schweinsfilet: Das Fleisch in kleinfingerdicke Streifen schneiden und während insgesamt 2½–3 Minuten braten. Dann nach Rezept weiterfahren.
- Pouletbrüstchen: Brustfilets in kleinfingerdicke Streifen schneiden und auf mittlerer Hitze während insgesamt 3–3½ Minuten braten. Dann nach Rezept weiterfahren.

Lammwürfel an Birnen-Gorgonzola-Sauce

Birnen und Blauschimmelkäse jeder Art ergänzen sich geschmacklich hervorragend, was auch in diesem raffinierten Fleischgericht zur Geltung kommt. Besonders mild und für Saucen sehr gut geeignet ist der cremige italienische Mascarpone-Gorgonzola, der auch Leuten schmeckt, die mit Blauschimmelkäse nicht viel anfangen können. Der Mascarpone nimmt nämlich dem Gorgonzola die rezent-aggressive Note. An seiner Stelle kann man jedoch auch einen Kräuter- oder Pfeffer-Doppelrahmfrischkäse wählen.

Für 4 Personen

Birnen: 20 Minuten
Fleisch inkl. Nachgaren und Zubereiten der Sauce: 25 Minuten

100 ml Weisswein
100 ml weisser Portwein oder Noilly Prat (trockener Wermut)
1 Sternanis (siehe Rezepteinleitung Seite 128)
1 kleines Stück Zimtstange
2–3 reife Birnen, je nach Grösse
2–3 Lammrückenfilets, je nach Grösse
Salz, schwarzer Pfeffer aus der Mühle
2 Esslöffel Bratbutter
100 ml Kalbsfond oder leichte Gemüsebouillon
1 Schalotte
1 Teelöffel Butter
150 ml Rahm
75 g Mascarpone-Gorgonzola

1 Wein, Portwein oder Noilly Prat, Sternanis sowie Zimt zusammen aufkochen und auf grosser Hitze zur Hälfte einkochen lassen. Die Gewürze aus dem Sud nehmen.

2 Die Birnen schälen, halbieren, entkernen und nicht zu klein würfeln. Sofort in den Weinsud geben. Zugedeckt auf kleiner Hitze je nach Reifegrad und Sorte während 3–5 Minuten knapp weich kochen. Aus dem Sud heben und beiseite stellen. 50 ml Sud für die Sauce abmessen.

3 Den Backofen auf 80 Grad vorheizen und eine Platte mitwärmen.

4 Die Lammfilets in 1½ cm grosse Würfel schneiden. Mit Salz und Pfeffer würzen. In 2 Portionen in jeweils der Hälfte der Bratbutter anbraten: auf der ersten Seite ohne Wenden 1 Minute, auf der zweiten Seite nur gerade noch ½ Minute. Sofort auf die vorgewärmte Platte geben und im 80 Grad warmen Ofen 15–20 Minuten nachgaren lassen.

5 Den Bratensatz mit Kalbsfond oder Bouillon auflösen und absieben. Beiseite stellen.

6 Die Schalotte schälen und fein hacken. In der Butter hellgelb dünsten. Den abgemessenen Birnensud, Bratenjus und Rahm dazugiessen und auf grosser Hitze so lange lebhaft einkochen lassen, bis die Sauce leicht bindet.

7 Den Mascarpone-Gorgonzola in kleinen Stücken in die Sauce rühren und schmelzen lassen. Mit Salz und Pfeffer abschmecken.

8 Vor dem Servieren die Fleischwürfel und die Birnen in die Sauce geben und nur noch gut heiss werden lassen.

Dazu passt:

- Grüne Nudeln
- Trockenreis oder roter Camarguereis
- Gebratene kleine Schalenkartoffeln
- Kartoffel-Sellerie-Püree
- Bulgur (Rezept Seite 44), nach Belieben mit gedünsteten Gemüsewürfelchen gemischt (z.B. Karotten, Stangensellerie, Zucchetti, Kohlrabi)

Zubereitung auch geeignet für:

- Schweinsfilet: Nach Rezept zubereiten, jedoch die Fleischwürfel auf der zweiten Seite ebenfalls 1 Minute anbraten.
- Pouletbrüstchen: Nach Rezept zubereiten, jedoch die Fleischwürfel auf der zweiten Seite ebenfalls 1 Minute anbraten.

Lammwürfel an Birnen-Gorgonzola-Sauce

Lammgigotsteak im Pergament

Ein unkompliziertes Gästeessen zum Vorbereiten: Die Steaks können gut 2–3 Stunden im Voraus angebraten und dann eingepackt werden. Im heissen Ofen fertig gebraten werden sie erst kurz vor dem Servieren.

Für 4 Personen

Vorbereiten: 15 Minuten
Backen: 30 Minuten

4 magere Lammgigotsteaks (Steaks aus der Keule)
Salz, Pfeffer aus der Mühle
2–3 Esslöffel Olivenöl
4 Stück Pergament- oder Backpapier, je ca. 20 x 20 cm gross
4 grosse Knoblauchzehen
1 Zitrone
4 Zweige Oregano
2 Esslöffel Olivenöl

1 Die Lammgigotsteaks mit Salz und Pfeffer würzen. Im sehr heissen Olivenöl auf jeder Seite 30 Sekunden scharf anbraten. Auf die Pergament- oder Backpapiere legen.
2 Die Knoblauchzehen schälen und vierteln. Die Zitrone in Achtel schneiden. Knoblauch, Zitronenschnitze und Oreganozweige auf den Steaks verteilen und mit dem Olivenöl beträufeln. Das Papier zu Paketen verschliessen und auf ein Blech legen.
3 Die Gigotsteaks im auf 160 Grad vorgeheizten Ofen auf der zweituntersten Rille etwa 30 Minuten rosa braten.

Dazu passt:
- Tzatziki: 250 g Salat- oder Nostranogurke schälen, der Länge nach halbieren, entkernen und fein reiben. In ein Sieb geben, salzen und etwa 20 Minuten Wasser ziehen lassen. Dann kurz kalt spülen und auf Küchenpapier trockentupfen. Je 100 g Joghurt und sauren Halbrahm mit Salz und Pfeffer verrühren. 1 Knoblauchzehe dazupressen und die Gurke untermischen.
- Bratkartoffeln
- In Olivenöl gebratene Zucchetti mit Zwiebeln, Knoblauch und Peperoncino
- In Olivenöl mit viel Zwiebeln und Knoblauch gedünsteter Blattspinat

Zubereitung auch geeignet für:
- Lammchops: Wie im Rezept beschrieben vorbereiten, jedoch nur 20 Minuten braten.
- Schweinskotelett: Nach Rezept zubereiten.

Rindsmedaillons an Spargel-Morchel-Sauce

Ein richtiges Frühlingsessen: Grüne Spargeln und frische oder getrocknete Morcheln begleiten diese exquisiten Fleischstücke. Will man das Gericht bis aufs Fleischbraten vorbereiten, kann man die Spargeln und die Sauce bereits einige Stunden im Voraus zubereiten und muss dann alles vor dem Servieren nur noch einmal gut erhitzen.

Für 4 Personen

Zubereiten inkl. Nachgaren: 45 Minuten

4 Rindsmedaillons, je ca. 150 g schwer
Salz, Pfeffer aus der Mühle
1 Esslöffel Bratbutter
50 ml Noilly Prat (trockener Wermut)
300 g grüne Spargeln
8 frische oder getrocknete grosse Morcheln
1 Schalotte
1 Esslöffel Butter
100 ml Weisswein
150 ml Doppelrahm

1 Den Backofen auf 80 Grad vorheizen und eine Platte mitwärmen.
2 Die Rindsmedaillons mit Salz und Pfeffer würzen. In der sehr heissen Bratbutter je nach Dicke und gewünschter Garstufe rundum – auch an den Rändern – insgesamt 2–3 Minuten kräftig anbraten. Sofort auf die vorgewärmte Platte geben und im 80 Grad heissen Ofen 45 Minuten nachgaren lassen.
3 Den Bratensatz mit Noilly Prat ablöschen und durch ein Sieb giessen. Beiseite stellen.
4 Die Enden der Spargeln um etwa ⅓ kürzen und den unteren Teil wenn nötig schälen. In etwa 1 Liter Salzwasser oder über Dampf knackig garen (je nach Grösse und Qualität 8–10 Minuten).
5 Inzwischen die frischen Morcheln gründlich spülen und mit Küchenpapier trockentupfen. Getrocknete Morcheln 15 Minuten in warmem Wasser einweichen, dann gründlich spülen. Die Pilze in Streifen schneiden.
6 Die Spitzen der gekochten Spargeln abschneiden und der Länge nach halbieren. Die Spargelstangen schräg in kleine Stücke schneiden.
7 Die Schalotte schälen und fein hacken. In der warmen Butter hellgelb dünsten. Die Morcheln beifügen und kurz mitdünsten. Mit dem beiseite gestellten Bratenjus und dem Weisswein ablöschen. Auf knapp 50 ml einkochen lassen. Dann den Doppelrahm beifügen und die Sauce noch so lange kochen lassen, bis sie cremig bindet. Mit Salz und Pfeffer abschmecken.
8 Unmittelbar vor dem Servieren die Spargeln zur Sauce geben und noch einmal aufkochen. Die Rindsmedaillons auf vorgewärmten Tellern anrichten und mit der Sauce übergiessen.

Dazu passt:
- Trockenreis, Wildreis oder roter Camarguereis
- Feine Nudeln
- Kleine Rösti aus rohen Kartoffeln
- In Butter gebratene kleine neue Kartoffeln

Zubereitung auch geeignet für:
- Kalbsfiletmedaillons: Etwa 3 cm dick schneiden, rundum insgesamt 3–4 Minuten anfangs kräftig, dann bei mittlerer Hitze braten. Nach Rezept weiterfahren.
- Pouletbrüstchen: Je nach Dicke 4–6 Minuten anbraten. Nach Rezept weiterfahren.

Lammgigotsteak im Pergament

Rindsmedaillons an Spargel-Morchel-Sauce

Feurige Rindshuft mit Mandeln

Eine gelungene Verbindung zwischen westlicher und asiatischer Küche: Zartes Rindfleisch wird mit Frühlingszwiebeln und Mandelstiften sekundenschnell gebraten und pikant gewürzt mit Peperoncino, Sojasauce, Sherry, Zucker, Cayennepfeffer und Sesamöl. Vorsicht bei der Dosierung von Sesamöl: Es besitzt ein ausgeprägtes Aroma und sollte deshalb nur tropfenweise verwendet werden.

Für 4 Personen

Zubereiten: 25 Minuten

500 g Rindshuft am Stück
2 Frühlingszwiebeln
2 Peperoncini oder 1 rote Chilischote
75 g Mandelstifte
Salz, Pfeffer aus der Mühle
4 Esslöffel Erdnussöl
4 Esslöffel Sojasauce
4 Esslöffel trockener Sherry oder Noilly Prat (trockener Wermut)
¼ Teelöffel Zucker
etwas Cayennepfeffer
einige Tropfen Sesamöl

1 Das Rindfleisch quer zur Faser in möglichst dünne Scheiben und diese in 3 x 3 cm grosse Vierecke schneiden.
2 Die Frühlingszwiebeln mitsamt schönem Grün schräg in etwa 2 cm grosse Stücke schneiden. Die Peperoncini in feinste Ringe schneiden; je nach gewünschter Schärfe die Schoten nicht vollständig entkernen.
3 Die Mandelstifte in einer trockenen Bratpfanne ohne Fettzugabe leicht rösten.
4 Das Fleisch mit Salz und Pfeffer würzen. In 2–3 Portionen in der Hälfte des rauchheiss erhitzten Öls das Fleisch sekundenschnell (!) nur gerade auf einer Seite anbraten. Aus der Pfanne nehmen und auf einen Teller geben; nicht zudecken!
5 Das restliche Erdnussöl in die Pfanne geben und die Frühlingszwiebeln sowie die Peperoncini nicht zu heiss 3–4 Minuten braten. Dann das Fleisch wieder beifügen. Sojasauce, Sherry oder Noilly Prat, Zucker und Mandelstifte dazugeben und alles unter stetem Wenden nur noch gut heiss werden lassen. Mit Salz und Cayennepfeffer abschmecken und vorsichtig mit Sesamöl parfümieren. Das Gericht sofort servieren.

Dazu passt:
- Basmatireis
- Chinesische Eiernudeln

Zubereitung auch geeignet für:
- Schweinfilet: In dünne Scheiben schneiden und diese je nach Grösse ganz belassen oder halbieren. Nach Rezept weiterfahren.
- Lammrückenfilet: In dünne Scheiben schneiden und nach Rezept weiterfahren.
- Pouletbrüstchen: In dünne Scheiben schneiden und nach Rezept weiterfahren.

Rindsstroganoff mit Steinpilzen

In dieser Abwandlung des Klassikers werden die Champignons durch gedörrte Steinpilze und die Gewürzgurke durch Speck und Wacholderbeeren ersetzt. Gut schmecken auch frische Steinpilze. Diese werden aber nicht in der Sauce mitgekocht, sondern separat kräftig gebraten und erst ganz am Schluss unter das Gericht gegeben.

Für 4 Personen

Pilze einweichen: 20 Minuten
Vorbereiten: 10 Minuten
Nachgaren inkl. Zubereiten der Sauce: 30 Minuten

25 g getrocknete Steinpilze
25 g magere Bratspecktranchen oder Pancetta (italienischer Speck)
2 Knoblauchzehen
½ Bund Majoran oder 1 Teelöffel getrockneter Majoran
4 Wacholderbeeren
500 g Rindshuft am Stück
Salz, schwarzer Pfeffer aus der Mühle
2 Esslöffel Bratbutter
½ Teelöffel Paprika
1 Esslöffel Tomatenpüree
¼ l kräftiger Rotwein
200 ml Kalbsfond oder leichte Hühnerbouillon
4 Esslöffel Crème fraîche
50 ml Wodka

1 Den Backofen auf 70 Grad vorheizen und eine Platte mitwärmen.

2 Die Steinpilze mit warmem Wasser bedeckt 20 Minuten einweichen. Abschütten, die Pilze gut ausdrücken und grob hacken. Das Einweichwasser wird nicht mitverwendet.

3 Den Bratspeck fein hacken. Den Knoblauch schälen und ebenfalls hacken. Majoranblättchen von den Zweigen zupfen und hacken. Die Wacholderbeeren im Mörser fein zerstossen.

4 Das Fleisch in gleichmässige, etwa 2 cm grosse Würfel schneiden und mit Salz und Pfeffer würzen. In 2–3 Portionen in der sehr heissen Bratbutter auf der ersten Seite knapp 1 Minute, auf der zweiten nur noch 15–20 Sekunden kräftig anbraten. Sofort auf die vorgewärmte Platte geben und im 70 Grad heissen Ofen etwa 30 Minuten nachgaren lassen.

5 Im Bratensatz den Speck und den Knoblauch anrösten. Die Steinpilze beifügen und kurz mitbraten. Den Paprika darüber stäuben, das Tomatenpüree beifügen und beides rösten, bis es gut riecht. Dann Rotwein, Kalbsfond oder Bouillon, Majoran und Wacholderbeeren dazugeben. Die Sauce auf grosser Hitze gut zur Hälfte einkochen lassen.

6 Die Crème fraîche mit etwas heisser Saucenflüssigkeit verrühren und zur kochenden Sauce geben. Mit Wodka parfümieren und mit Salz und Pfeffer abschmecken.

7 Unmittelbar vor dem Servieren die Rindfleischwürfel mit der heissen Sauce mischen. Das Stroganoff auf vorgewärmte Teller anrichten und nach Belieben mit einem Klacks Crème fraîche und Majoranblättchen garnieren.

Feurige Rindshuft mit Mandeln

Rindsstroganoff mit Steinpilzen

Dazu passt:

- Trockenreis, nach Belieben mit gedünsteten Gemüsewürfelchen gemischt
- Feine oder breite Nudeln
- Gebratene kleine Schalenkartoffeln
- Kartoffel-Sellerie-Püree

Zubereitung auch geeignet für:

- Pouletbrüstchen: In grosse Würfel schneiden, auf jeder Seite 1½ Minuten braten, bei 80 Grad 30–45 Minuten nachgaren lassen, dann nach Rezept weiterfahren.
- Schweinsfilet: In grosse Würfel schneiden, auf jeder Seite 1½ Minuten braten, bei 80 Grad 30–45 Minuten nachgaren lassen, dann nach Rezept weiterfahren.
- Lamm: Aus Gigot (Keule) oder Lammrückenfilet grosse Würfel schneiden, auf jeder Seite gut 1 Minute braten, bei 80 Grad 30–45 Minuten nachgaren lassen, dann nach Rezept weiterfahren.

Marinierte Rindshuftplätzchen

Diese mit reichlich Kräutern, körnigem Senf und grüner Olivenpaste gewürzten dünnen Schnitzel aus der Rindshuft können nicht nur in der Pfanne, sondern auch auf dem Grill zubereitet werden. Olivenpaste, sowohl eine französische wie italienische Spezialität, gibt es als Fertigprodukt im Glas. Man kann sie aber auch selbst zubereiten: 150 g entsteine grüne Oliven mit 1 Teelöffel gut abgespülten Kapern, 50 g Mandelblättchen und 50 ml Olivenöl im Cutter fein pürieren. Mit Pfeffer abschmecken.

Für 4 Personen

Vorbereiten: 10 Minuten
Marinieren: mindestens 30 Minuten
Zubereiten: 10 Minuten

8 grosse, gut gelagerte, dünn geschnittene Rindshuftplätzchen
je ½ Bund Petersilie, Basilikum und Thymian
1 Esslöffel körniger Senf
1 Esslöffel grüne Olivenpaste
50 ml Olivenöl
8–12 Scheiben Baguette
100 g grüne Olivenpaste
Salz, schwarzer Pfeffer aus der Mühle

1 Die Rindshuftplätzchen wenn nötig unter Klarsichtfolie mit einem Fleischklopfer oder Teigroller noch etwas dünner klopfen und nach Belieben halbieren.
2 Petersilie und Basilikum fein hacken. Die Thymianblättchen von den Zweigen zupfen. Mit dem Senf, 1 Esslöffel Olivenpaste und dem Öl zu einer Marinade verrühren. Auf die Plätzchen streichen und mindestens 30 Minuten, besser aber länger marinieren.

3 Kurz vor dem Servieren den Backofengrill auf 230 Grad vorheizen.

4 Die Brotscheiben auf ein Blech geben. Unter dem Grill beidseitig kurz toasten. Sofort mit Olivenpaste bestreichen. Warm stellen.

5 Eine Grill- oder Bratpfanne leer sehr stark erhitzen. Die marinierten Plätzchen mit Salz und Pfeffer würzen und ohne weitere Fettzugabe auf der ersten Seite 1 Minute, auf der zweiten Seite nur gerade 10–15 Sekunden braten. Auf vorgewärmten Tellern anrichten und mit den Olivenbrötchen servieren.

Dazu passt:

- Gemischter Blattsalat
- Tomatensalat, evtl. mit Mozzarella
- Kartoffel-Stangensellerie-Salat (Rezept Seite 34)

Zubereitung auch geeignet für:

- Lammgigot (Keule): Aus dem Gigot sehr dünne Plätzchen schneiden lassen und wie im Rezept beschrieben zubereiten. Je nach gewünschter Garstufe evtl. auf der zweiten Seite 30 Sekunden braten.
- Kalbsschnitzel: Die Schnitzel unter Klarsichtfolie mit dem Teigroller dünn klopfen (siehe auch Rezept Kalbspaillard, Seite 34), dann nach Rezept weiterfahren. Auf jeder Seite je 1 Minute braten.

Hohrückensteak an Balsamico-Sabayon

Das Hohrückenstück, auch Hochrippe genannt, stammt – wie es der Name sagt – von der Rückenseite des Rinds, aus dessen hinterem Teil auch das Entrecôte kommt. Das Hohrückenstück gliedert sich in zwei Teile: den Hohrückendeckel und das eigentliche Hohrückenstück. Kenner schätzen Letzteres als das schmackhafteste Fleisch vom Rind überhaupt. Wie die anderen zarten Rindfleischteile sollte auch der Hohrücken beim Metzger mindestens drei Wochen im Kühlraum «reifen», bevor er verkauft wird. Besonders saftig bleiben Hohrückensteaks, wenn sie etwa 6 cm dick geschnitten und nach dem Braten wie ein Entrecôte double quer zu den Fleischfasern aufgeschnitten werden.

Für 4 Personen

Zubereiten inkl. Nachgaren: 30–45 Minuten

4 Hohrückensteaks, je ca. 150 g schwer
Salz, schwarzer Pfeffer aus der Mühle
1 Esslöffel Bratbutter

Sabayon:
1 grosse Schalotte
2–3 Petersilienzweige
100 ml Weisswein
100 ml leichte Gemüsebouillon
8 schwarze Pfefferkörner
2 Esslöffel Balsamicoessig
50 ml Rahm
80 g Butter
3 Eigelb
Salz, Pfeffer

1 Den Backofen auf 80 Grad vorheizen und eine Platte mitwärmen.

2 Die Hohrückensteaks mit Salz und Pfeffer würzen. In der sehr heissen Bratbutter je nach Dicke insgesamt 2–2½ Minuten kräftig von allen Seiten – auch an den Seitenrändern! – anbraten. Sofort auf die vorgewärmte Platte geben und im Ofen bei 80 Grad 30–45 Minuten nachgaren lassen.

3 Für die Sabayon die Schalotte schälen und hacken. Mit den Petersilienzweigen, dem Weisswein, der Bouillon und den grob zerdrückten Pfefferkörnern in einen kleinen Topf geben. Auf grosser Hitze gut zur Hälfte einkochen lassen. In eine Wasserbadschüssel – am besten eignet sich eine Metallschüssel – absieben, dabei die Rückstände gut auspressen. Den Balsamicoessig beifügen.

4 Den Rahm steif schlagen.

5 Die Butter schmelzen.

6 Die Eigelbe zum Balsamicojus geben. Über einem heissen Wasserbad die Masse so lange aufschlagen, bis sie leicht bindet. Dann die Schüssel kurz vom Wasserbad nehmen und in dünnem Fadenlauf die flüssige Butter dazurühren. Die Creme wieder über dem Wasserbad noch so lange weiterschlagen, bis sie cremig bindet. Vom Wasserbad nehmen, den Rahm untermischen und mit Salz und Pfeffer würzen.

7 Die Hohrückensteaks nach Belieben wie ein Entrecôte double quer zur Fleischfaser in Scheiben schneiden und mit etwas Sabayon umgiessen. Den Rest der Sauce separat dazu servieren.

Dazu passt:

- Salzkartoffeln
- Trockenreis oder roter Camarguereis
- In Olivenöl mit Zwiebeln und Knoblauch gedünsteter Blattspinat
- Mit Zwiebeln, Knoblauch und Peperoncini gebratene Zucchetti
- Gefüllte Tomaten (Rezept Seite 20)

Zubereitung auch geeignet für:

Lammrückenfilet: Die Filets je nach Grösse insgesamt 2–2½ Minuten braten und im 80 Grad heissen Ofen 45–60 Minuten nachgaren lassen.

Marinierte Rindshuft-plätzchen

Hohrückensteak an Balsamico-Sabayon

Rumpsteak mit Cherrytomaten an Joghurtsauce

Dieses schlichte, schnell zubereitete Gericht ist ein richtiges Sommeressen, das auch Küchenanfängern gut gelingt. Wenn man die Wahl zwischen einem normalen Vollmilchjoghurt und griechischem Joghurt hat, sollte man unbedingt Letzeres wählen, da es dank seinem höheren Fettgehalt (in der Regel 10%) leicht rahmig und überhaupt nicht säuerlich schmeckt.

Für 4 Personen

Zubereiten inkl. Nachgaren: 30 Minuten

16 Cherrytomaten
Salz, schwarzer Pfeffer
4 Rumpsteaks, je ca. 125 g schwer
2–3 Esslöffel Olivenöl
2–3 Scheiben Toastbrot
1 Zweig Rosmarin
1 Becher Joghurt nature (180 g)
1 Knoblauchzehe
1 Esslöffel Butter

1 Den Backofen auf 80 Grad vorheizen und eine Platte mitwärmen.
2 Die Cherrytomaten je nach Grösse halbieren oder vierteln und die Schnittflächen mit Salz und Pfeffer bestreuen.
3 Die Steaks beidseitig mit Salz und Pfeffer würzen. Im sehr heissen Olivenöl je nach Dicke und gewünschter Garstufe (blutig oder rosa) insgesamt 2–3 Minuten kräftig braten. Sofort auf die vorgewärmte Platte geben und im 80 Grad heissen Ofen 20–30 Minuten nachgaren lassen.
4 Wenn nötig etwas Olivenöl zum Bratensatz geben. Die Tomaten beifügen und unter Wenden gut 1 Minute braten. Zum Fleisch im Ofen geben. Die Pfanne mit Küchenpapier auswischen und beiseite stellen.
5 Das Toastbrot klein würfeln. Die Rosmarinnadeln fein hacken. Beides in einer Schüssel mischen.
6 Den Joghurt mit etwas Salz verrühren und den Knoblauch dazupressen.
7 Vor dem Servieren in der Bratpfanne die Butter schmelzen. Die Brotwürfelchen darin golden rösten. Über die Rumpsteaks verteilen und die Joghurtsauce separat dazu servieren.

Dazu passt:
- Italienisches Fladenbrot
- Gemischter Blattsalat
- Kartoffel-Stangensellerie-Salat (Rezept Seite 34)

Zubereitung auch geeignet für:
- Lammchops: Je nach Dicke und gewünschter Garstufe insgesamt 3–4 Minuten braten, dann nach Rezept weiterfahren.
- Pouletbrüstchen: Je nach Dicke bei mittlerer Hitze 5–8 Minuten braten, dann nach Rezept weiterfahren.

Rindswürfel an Curryjus mit Ingwer-zwiebeln

Wer keine frische Ingwerwurzel zu Hand hat, verwendet das getrocknete Gewürz, das es als kleine Wurzelstücke oder zu Pulver gemahlen zu kaufen gibt; allerdings ist das Aroma nie mit dem fruchtig-pikanten Geschmack von frischem Ingwer zu vergleichen. Im Gemüsefach des Kühlschranks hält sich frische Ingwerwurzel in Klarsichtfolie gewickelt 2–3 Wochen .

Für 4 Personen

Zubereiten inkl. Nachgaren: etwa 30 Minuten

600 g gut gelagerte Rindshuft, Hohrücken oder Filetspitz
Salz, schwarzer Pfeffer aus der Mühle
2 Esslöffel Bratbutter
1 Schalotte
25 g Butter
1 gehäufter Esslöffel Curry
½ Teelöffel Mehl
50 ml Portwein oder trockener Sherry
200 ml Kalbsfond oder leichte Fleischbouillon
250 g mittlere Zwiebeln
10 g frischer Ingwer
2 Knoblauchzehen
1 Esslöffel Bratbutter
50 ml Portwein oder trockener Sherry
50 g Butter
1 Bund Schnittlauch

1 Den Backofen auf 70 Grad vorheizen und eine Platte mitwärmen.

2 Das Fleisch in grosse Würfel schneiden. Mit Salz und Pfeffer würzen. In zwei Portionen anbraten: Jeweils die Hälfte der Bratbutter kräftig erhitzen und die Rindswürfel auf der ersten Seite 1 Minute, auf der zweiten nur noch 30 Sekunden braten. Sofort auf die vorgewärmte Platte geben und im 70 Grad heissen Ofen etwa 30 Minuten nachgaren lassen. Den Bratensatz mit etwas Wasser auflösen und beiseite stellen.

3 Die Schalotte schälen und fein hacken. In einem kleinen Topf in der warmen Butter hellgelb dünsten. Curry und Mehl darüber stäuben und kurz mitdünsten. Mit Portwein oder Sherry sowie Kalbsfond oder Bouillon ablöschen. Den Bratenjus beifügen und alles auf grosser Hitze gut zur Hälfte einkochen lassen. Beiseite stellen.

4 Während die Sauce kocht, die Zwiebeln schälen und in Viertel schneiden. Den Ingwer und den Knoblauch schälen und beides fein hacken. Alle vorbereiteten Zutaten in der Bratbutter unter Wenden knapp weich dünsten. Den Portwein oder Sherry beifügen. Die Zutaten dürfen leicht Farbe annehmen, jedoch nicht so stark, dass der Knoblauch verbrennt. Warm halten.

5 Vor dem Servieren die Sauce nochmals aufkochen. Die Butter in Flocken beifügen und einziehen lassen. Mit Salz, Pfeffer und Curry abschmecken. Zum Fleisch geben und die Ingwerzwiebeln darum herum anrichten. Den Schnittlauch mit einer Schere über das Gericht schneiden.

Dazu passt:

- Basmatireis
- Bratkartoffeln
- Kartoffel-Apfel-Püree (rezepte Seite 105)

Zubereitung auch geeignet für:

- Lamm: Aus dem Lammrückenfilet oder dem Gigot (Keule) grosse Würfel schneiden und je nach Dicke auf der zweiten Seite evtl. ganz wenig länger braten.

Rumpsteak mit Cherrytomaten an Joghurtsauce

Rindswürfel an Curryjus mit Ingwerzwiebeln

Entenbrust an pikantem Tomatenjus

Entenbrüstchen können von sehr unterschiedlicher Grösse sein; dementsprechend variieren Anbrat- und Nachgarzeit. Typisch ist der Fettdeckel auf der Oberseite der Brust, den man – im Gegensatz zum Fett bei anderen Fleischstücken – auch beim Niedergaren nicht entfernen sollte, weil er das Fleisch vor dem Austrocknen schützt. Ob man die aromatische Fettschicht beim Essen entfernt oder nicht, ist jedem selbst überlassen. Die Sauce kann übrigens sehr gut im Voraus zubereitet werden. In diesem Fall den Portwein nicht zum Ablöschen des Bratensatzes verwenden, sondern von Anfang an zur Sauce geben. Man kann die Entenbrust auch weniger lang anbraten (3 Minuten auf der Fettseite, 1–1½ Minuten auf der Fleischseite), dafür 1–1¼ Stunden nachgaren.

Für 4 Personen

Zubereiten inkl. Nachgaren: 30–45 Minuten

2–3 Entenbrüstchen, je nach Grösse
Salz, schwarzer Pfeffer aus der Mühle
1 Esslöffel Bratbutter
50 ml roter Portwein
2 Schalotten
½ Teelöffel schwarze Pfefferkörner
½ Bund Thymian
150 ml Rotwein
200 ml Geflügelfond oder ersatzweise leichte Hühnerbouillon
100 g gehackte Dosentomaten (Pelati)
50 g Butter
½ Teelöffel Worcestershiresauce
einige Tropfen Tabasco

1 Den Backofen auf 80 Grad vorheizen und eine Platte mitwärmen.
2 Die Entenbrüstchen mit Salz und Pfeffer würzen. In der sehr heissen Bratbutter zuerst auf der Fettseite 3 Minuten, dann auf der Fleischseite je nach Dicke der Brüstchen 2–3 Minuten braten. Sofort auf die vorgewärmte Platte geben und im 80 Grad heissen Ofen 30–45 Minuten nachgaren lassen.
3 Den Bratensatz mit dem Portwein ablöschen und durch ein Sieb in einen kleinen Topf passieren.
4 Die Schalotten schälen und fein hacken. Die Pfefferkörner grob zerstossen. Beides mit den Thymianzweigen und dem Rotwein zum Portweinjus geben und alles zur Hälfte einkochen lassen. Dann den Fond sowie die Tomaten beifügen und alles nochmals 5 Minuten einkochen lassen. Die Sauce durch ein Sieb in einen sauberen Topf streichen.
5 Vor dem Servieren die Sauce nochmals aufkochen. Die Butter in Flocken beifügen und in die Sauce einziehen lassen. Mit Worcestershiresauce, Tabasco und Salz pikant abschmecken. Wenn nötig nachwürzen.
6 Die Entenbrüstchen schräg in Scheiben schneiden, auf vorgewärmten Tellern anrichten und mit etwas Sauce umgiessen.

Dazu passt:
- Gemüse- oder Safranrisotto (Rezept Seite 115)
- Feine Nudeln
- Bratkartoffeln
- In Butter und wenig Bouillon gedünstete Kabisviertel (Weisskohl)
- In Butter und wenig Bouillon gedünstete Fenchelviertel; am Schluss etwas geriebenen Sbrinz oder Parmesan darüber verteilen und zugedeckt 2–3 Minuten schmelzen lassen.

Entenbrust an pikantem Tomatenjus

- In Olivenöl gebratene Zucchetti mit Zwiebeln, Knoblauch, Peperoncino und Basilikum

Zubereitung auch geeignet für:

- Schweinsfilet: Rundherum 5 Minuten anbraten und bei 80 Grad 1½ Stunden nachgaren lassen. Die Sauce nach Rezept zubereiten.
- Pouletbrüstchen: Je nach Grösse bei mittlerer Hitze 5–7 Minuten anbraten und bei 80 Grad 30–45 Minuten nachgaren lassen. Die Sauce nach Rezept zubereiten.
- Lammrückenfilet: Rundherum etwa 2–2½ Minuten anbraten und bei 80 Grad 1–1¼ Stunden nachgaren lassen. Die Sauce nach Rezept zubereiten.

Entenbrust mit Pfälzer Rüben und Eierschwämmchen

Eine Herbstvariante der Entenbrust, begleitet von gut gebratenen Eierschwämmchen und von saftigen gelben Rüben, den so genannten Pfälzer Rüben, die im Bratenjus des Fleisches langsam glasiert werden.

Für 4 Personen

Zubereiten inkl. Nachgaren: 30–45 Minuten

6–8 Pfälzer Rüben
200 g Eierschwämmchen (Pfifferlinge)
1 Schalotte
2–3 Entenbrüstchen, je nach Grösse
Salz, schwarzer Pfeffer aus der Mühle
1 Esslöffel Bratbutter
50 ml Noilly Prat (trockener Wermut)
100 ml Weisswein
100 ml Hühnerbouillon
1 Esslöffel Butter
1 Bund Schnittlauch

1 Den Backofen auf 80 Grad vorheizen und eine Platte mitwärmen.
2 Die Rüben schälen und in kleinfingerdicke Stengelchen schneiden.
3 Die Eierschwämmchen kurz waschen, mit Küchenpapier trockentupfen, rüsten und je nach Grösse halbieren oder vierteln.
4 Die Schalotte schälen und fein hacken.
5 Die Entenbrüstchen mit Salz und Pfeffer würzen. In der sehr heissen Bratbutter zuerst auf der Fettseite 3 Minuten, dann auf der Fleischseite je nach Dicke der Brüstchen 2–3 Minuten braten. Sofort auf die vorgewärmte Platte geben und im 80 Grad heissen Ofen 30–45 Minuten nachgaren lassen.

6 Überschüssiges Bratfett abgiessen. Den Bratensatz mit Noilly Prat, Weisswein und Bouillon ablöschen und auf grosser Hitze um gut ein Drittel einkochen lassen.
7 Jetzt die Rüben beifügen und unter häufigem Wenden zuerst 5 Minuten zugedeckt, dann offen weich dünsten; dabei soll die Flüssigkeit praktisch vollständig einkochen. Am Schluss wenn nötig nachwürzen.
8 Kurz vor dem Servieren in einer zweiten Bratpfanne oder in einem weiten Topf die Butter erhitzen. Die Schalotte darin hellgelb dünsten. Die Hitze höher stellen und die Eierschwämmchen beifügen. Unter gelegentlichem Wenden etwa 5 Minuten braten; ziehen die Pilze Saft, diesen vollständig verdampfen lassen. Am Schluss mit Salz und Pfeffer würzen. Unter die Rüben mischen und den Schnittlauch mit einer Schere darüber schneiden.
9 Die Entenbrüstchen schräg in Scheiben aufschneiden und mit dem Rüben-Eierschwämmchen-Gemüse anrichten. Sofort servieren.

Dazu passt:

- Kartoffel-Apfel-Püree (Rezept Seite 105)
- Kartoffelgratin, der neben dem Fleisch nachgegart wird (siehe Seite 37)
- Bratkartoffeln
- Weissweinrisotto

Zubereitung auch geeignet für:

- Lammgigotsteaks (Steaks aus der Keule): Je nach Grösse und gewünschter Garstufe auf jeder Seite 1–1½ Minuten anbraten und bei 80 Grad 45 Minuten nachgaren lassen.

Der Wacholderstrauch gehört zu den Nadelhölzern, und darum sind Wacholderbeeren eigentlich keine richtigen Beeren, sondern winzig kleine Tannzapfen, die nur deshalb wie Beeren wirken, weil ihre dicht zusammengewachsenen Schuppen fleischig sind. Der Grossteil der Wacholderbeeren wird für die Herstellung von Gin und ähnlichen Spirituosen verwendet. Weniger bekannt sind sie als Gewürz, das hervorragend zu kräftigem Fleisch wie Rind, Schwein oder Wild passt. Bei langer Garzeit kann man sie ganz beigeben, bei kürzerer Kochzeit empfiehlt es sich, die Beeren zu zerdrücken. Doch aufgepasst: Zerkleinert geben sie ein sehr intensives Aroma ab, deshalb sparsam damit umgehen.

Für 4 Personen

Marinieren: 60 Minuten
Zubereiten: 15 Minuten

1 Esslöffel Wacholderbeeren
500 g geschnetzeltes Rehfleisch
¼ l Milch
1 Schalotte
Salz, Pfeffer aus der Mühle
2 Esslöffel Bratbutter
1 Esslöffel Butter
200 ml Wildfond (aus dem Glas) oder Gemüsebouillon
nach Belieben 1 Esslöffel Gin
200 ml Rahm

1 Die Wacholderbeeren fein hacken; am besten geht dies mit dem Zwiebelhacker. Mit dem Rehfleisch in eine Schüssel geben. Die Milch darüber giessen und alles gut mischen. Mindestens 1 Stunde im Kühlschrank ziehen lassen.

2 Die Schalotte schälen und fein hacken.
3 Die Milch abgiessen und das Fleisch mit Küchenpapier trockentupfen. Mit Salz und Pfeffer würzen.
4 Das Fleisch in 2 Portionen jeweils in der Hälfte der sehr heissen Bratbutter kräftig anbraten: auf der ersten Seite 1 Minute, auf der zweiten nur gerade noch ½ Minute. Aus der Bratpfanne nehmen und warm stellen.
5 Die Butter zum Bratensatz geben. Die Schalotte darin andünsten. Den Wildfond oder die Bouillon dazugiessen und alles gut zur Hälfte einkochen lassen. Dann den Gin und den Rahm beifügen und die Sauce noch so lange reduzieren, bis sie leicht bindet. Mit Salz und Pfeffer abschmecken.
6 Das Rehgeschnetzelte in die Sauce geben, nur noch gut heiss werden lassen und sofort servieren.

Dazu passt:
- Feine oder breite Nudeln
- Spätzli
- Kürbisrisotto
- Kartoffel-Sellerie- oder Kartoffel-Apfel-Püree (Rezept Seite 105
- Gebratene Maistaler (Rezept Seite 55)
- Rotkraut
- In Streifen geschnittener Wirz (Wirsing), mit Zwiebeln in Weisswein und Bouillon langsam geschmort
- Rosenkohl

Zubereitung auch geeignet für:
- Hirschgeschnetzeltes: Gleiche Zubereitung.
- Schweinsfilet: In kleinfingerdicke Streifen schneiden und insgesamt 2 Minuten braten. Nach Belieben das Fleisch im 70 Grad heissen Ofen 20–30 Minuten nachgaren lassen. Für die Sauce nach Rezept weiterfahren.
- Rindshuft: Fleisch in grosse Würfel schneiden, je nach Dicke und gewünschter Garstufe insgesamt 1½–2 Minuten anbraten und im 70 Grad heissen Ofen 20–30 Minuten nachgaren lassen. Für die Sauce nach Rezept weiterfahren.

Entenbrust mit Pfälzer Rüben und Eierschwämmchen

Rehgeschnetzeltes an Wacholdersauce

Rehmedaillons mit Steinpilzen

Ein Klassiker unter den Wildrezepten! Verwendet man frische Steinpilze, empfiehlt es sich, zusätzlich etwa 5–10 Gramm gedörrte Pilze einzuweichen und fein gehackt in der Sauce mitzukochen; dies verleiht ihr einen unnachahmlichen Pilzgeschmack. Verwendet man für die Sauce Bouillon anstelle von Wildfond, gibt man 1–2 Teelöffel Fleischextrakt (siehe Rezepteinleitung Seite 98) bei; dies ergibt eine besonders gehaltvolle Sauce.

Für 4 Personen

Einweichen: mindestens 20 Minuten
Zubereiten: 25 Minuten

200 g frische oder 20 g getrocknete Steinpilze
1 Schalotte
1 Knoblauchzehe
ca. 500 g Rehfilet, in etwa 2 cm dicke Medaillons geschnitten
Salz, schwarzer Pfeffer
1 Esslöffel Bratbutter
1 Esslöffel Butter
100 ml Weisswein
200 ml Wildfond oder Gemüsebouillon
½ Teelöffel frische Rosmarinnadeln oder etwas Rosmarinpulver
150 ml Rahm

1 Frische Steinpilze rüsten und in Scheiben schneiden. Getrocknete Pilze etwa 20 Minuten in lauwarmem Wasser einweichen. Dann abschütten, leicht ausdrücken und in Streifen schneiden oder grob hacken.
2 Die Schalotte und den Knoblauch schälen und fein hacken.
3 Die Rehmedaillons mit Salz und Pfeffer würzen. In einer Bratpfanne in der sehr heissen Bratbutter auf jeder Seite 1–1½ Minuten kräftig braten; das Fleisch soll innen noch gut rosa sein. In doppelt gefaltete Alufolie wickeln.
4 Im Bratensatz die Butter aufschäumen lassen. Darin die Schalotten und den Knoblauch andünsten. Dann die Hitze auf höchste Stufe stellen und die Steinpilze beifügen. Kurz, aber kräftig braten und am Schluss mit Salz und Pfeffer würzen. Frische Steinpilze jetzt aus der Pfanne nehmen und auf einen Teller geben; nicht zudecken. Getrocknete Pilze werden in der Sauce mitgekocht.
5 Den Bratensatz mit Weisswein und Wildfond oder Bouillon auflösen. Auf knapp 100 ml einkochen lassen.
6 Inzwischen die Rosmarinnadeln sehr fein hacken.
7 Den Rahm und den Rosmarin zur eingekochten Sauce geben und diese noch so lange lebhaft kochen lassen, bis sie leicht bindet. Mit Salz sowie Pfeffer abschmecken.
8 Die Steinpilze in die fertige Sauce geben und nur noch gut heiss werden lassen. Die Medaillons aus der Folie wickeln, auf vorgewärmten Tellern anrichten und mit Sauce umgiessen.

Dazu passt:
- Feine oder breite Nudeln
- Spätzli
- Kartoffel-Sellerie- oder Kartoffel-Apfel-Püree (Rezept Seite 105)
- Kräuter- oder Kürbisrisotto
- Gebratene Maistaler (Rezept Seite 55)
- Roter Camargueréis
- Rosenkohl
- Rotkraut

Zubereitung auch geeignet für:

- Pouletbrüstchen: Je nach Dicke auf beiden Seiten insgesamt 8–10 Minuten braten, in Alufolie wickeln und nach Rezept weiterfahren.
- Kalbsfiletmedaillons: Je nach Dicke rundum – auch an den Rändern – 4–5 Minuten kräftig anbraten, dann wie im Rezept beschrieben in Alufolie wickeln und nach Rezept weiterfahren.
- Schweinsfiletmedaillons: Je nach Dicke rundum 4–5 Minuten braten, dann wie im Rezept beschrieben in Alufolie wickeln und nach Rezept weiterfahren.
- Rindsfiletmedaillons: Je nach Dicke und gewünschter Garstufe rundum – auch an den Rändern – insgesamt 3–5 Minuten kräftig anbraten und im 80 Grad heissen Ofen 15–20 Minuten nachgaren lassen.
- Entrecôte double (300–400 g): Rundum – auch an den Rändern – je nach Dicke und gewünschter Garstufe 4–7 Minuten anbraten und bei 80 Grad 20–30 Minuten nachgaren lassen.

Hirschmedaillons an Wildrahmsauce

Das Praktische an diesem Gericht: Die samtige Sauce kann bereits 1–2 Tage im Voraus zubereitet werden und wird vor dem Servieren nur noch einmal erhitzt. Für die Sauce sollte man unbedingt Wildfond verwenden; sie wird dadurch besonders aromatisch und gehaltvoll. Auf unserem Foto wurden die Hirschmedaillons zusammen mit glasierten Rotweinschalotten angerichtet – ein Duo, das perfekt harmoniert!

Für 4 Personen

Sauce zubereiten: 20 Minuten
Fleisch braten: 3–4 Minuten

200 ml Wildfond
100 ml roter Portwein
2 Esslöffel Preiselbeerkompott oder -konfitüre
200 ml Vollrahm
50 g Mascarpone-Gorgonzola
50 g Butter
1 Esslöffel Cognac
Salz, Pfeffer aus der Mühle
8 Hirschmedaillons, je ca. 2 cm dick geschnitten
1 Esslöffel Bratbutter

1 Wildfond, Portwein und Preiselbeerkompott oder -konfitüre in einen kleinen Topf geben und auf grosser Hitze gut zur Hälfte einkochen lassen. Dann den Rahm beifügen und nochmals gut einkochen lassen, bis die Sauce leicht bindet. Durch ein Sieb passieren und in den Topf zurückgeben.

2 Die Sauce nochmals erhitzen. Mit dem Stabmixer zuerst den Gorgonzola, dann die Butter darunter rühren.

Die Sauce mit Cognac, Salz und reichlich frisch gemahlenem Pfeffer abschmecken.

3 Die Hirschmedaillons mit Salz und Pfeffer würzen. In der heissen Bratbutter je nach Dicke auf jeder Seite 1½–2 Minuten rosa braten. Sofort auf vorgewärmten Tellern anrichten und mit Sauce umgiessen.

Dazu passt:

- Feine oder breite Nudeln
- Spätzli
- Kürbisrisotto
- Kartoffel-Sellerie- oder Kartoffel-Apfel-Püree (Rezept Seite 105)
- Zuckermais-Galetten (Rezept Seite 40)
- Glasierte Rotweinschalotten: 400 g Schalotten schälen und je nach Grösse eventuell halbieren. 50 g Zucker schmelzen und leicht karamellisieren. Mit 200 ml Rotwein ablöschen und diesen so lange kochen lassen, bis sich der Karamellzucker vollständig aufgelöst hat. Die Schalotten im Sud offen so lange kochen lassen, bis der Rotwein auf etwa 4 Esslöffel eingekocht ist.
- Mit Ingwer, Zwiebeln und Marsala gedünstete Karotten

Zubereitung auch geeignet für:

- Rindsfiletmedaillons: Je nach Dicke und gewünschter Garstufe rundum – auch an den Rändern – insgesamt 3–4 Minuten kräftig anbraten und im 80 Grad heissen Ofen 15–20 Minuten nachgaren lassen.
- Kalbsfiletmedaillons: Je nach Dicke rundum – auch an den Rändern – 3–4 Minuten kräftig anbraten und im 80 Grad heissen Ofen 15–20 Minuten nachgaren lassen.
- Schweinsfiletmedaillons: Je nach Dicke rundum – auch an den Rändern – 3–4 Minuten kräftig anbraten und im 80 Grad heissen Ofen 15–20 Minuten nachgaren lassen.
- Pouletbrüstchen: Je nach Dicke auf beiden Seiten insgesamt 5–8 Minuten braten und bei 80 Grad 15–20 Minuten nachgaren lassen.

Rehmedaillons mit Steinpilzen

Hirschmedaillons an Wildrahmsauce

Die edlen Grossen

Kalbshohrücken an Majoran-Rotwein-Sauce

Der Kalbshohrücken stammt aus dem vorderen Rückenstück, ist leicht durchzogen und deshalb auch saftiger als das darauf folgende, sehr magere Kalbsnierstück, das übrigens ebenfalls geeignet ist für den nachfolgenden Braten.

Für 6 Personen

Vorbereiten inkl. Anbraten: 25 Minuten
Nachgaren inkl. Zubereiten der Sauce: 2½–2¾ Stunden

1 Karotte
1 grosser Zweig Stangensellerie
1 grosse Tomate
1 mittlere Zwiebel
4 grosse Knoblauchzehen
900 g–1 kg Kalbshohrücken (beim Metzger vorbestellen)
Salz, schwarzer Pfeffer aus der Mühle
1 Esslöffel Bratbutter
1 gehäufter Esslöffel Tomatenpüree
¼ l kräftiger Rotwein
200 ml Kalbsfond
1 Bund Majoran
ca. 80 g Butter

1 Den Backofen auf 80 Grad vorheizen und eine Platte mitwärmen.

2 Die Karotte, den Stangensellerie und die Tomate rüsten und in kleine Stücke schneiden. Die Zwiebel schälen und vierteln. Die Knoblauchzehen ebenfalls schälen, jedoch ganz belassen.

3 Das Bratenstück mit Salz und Pfeffer würzen. In der heissen Bratbutter von allen Seiten – auch an den Enden – 15 Minuten anbraten. Dann sofort auf die vorbereitete Platte geben und 2½–2¾ Stunden nachgaren lassen.

4 Wenn nötig etwas Butter zum Bratensatz geben. Das vorbereitete Gemüse, die Zwiebeln, die Knoblauchzehen und das Tomatenpüree beifügen und kräftig anbraten. Mit dem Rotwein ablöschen und diesen kurz einkochen lassen. Den Kalbsfond sowie die Hälfte des Majorans beifügen. Alles auf grosser Hitze gut zur Hälfte einkochen lassen.

5 Den restlichen Majoran fein hacken.

6 Den Jus absieben, dabei die Knoblauchzehen herausfischen. Die Gemüsestücke gut auspressen, dann wegwerfen. Die Knoblauchzehen durch ein Sieb zum Jus passieren. Den Majoran beifügen. Die Sauce beiseite stellen.

7 Unmittelbar vor dem Servieren die Sauce nochmals aufkochen. Die Butter in Flocken in die leicht kochende Sauce geben und einziehen lassen. Mit Salz und Pfeffer abschmecken.

Dazu passt:

- Feine oder breite Nudeln
- Safranrisotto (Rezept Seite 115)
- Gebratene Maistaler (Rezept Seite 55)
- In Olivenöl gedünsteter Stangensellerie
- In Olivenöl gedünsteter Blattspinat

Zubereitung auch geeignet für:

- Kalbsnierstück: 8–10 Minuten anbraten und bei 80 Grad 2–2½ Stunden nachgaren lassen.
- Schweinsnierstück: Gleiche Zubereitung wie Kalbsnierstück.
- Schweinsfilet: Je nach Grösse 4–5 Minuten anbraten und bei 80 Grad etwa 1½ Stunden nachgaren lassen.

Kalbshohrücken an Majoran-Rotwein-Sauce

- Rindshohrücken: 8–10 Minunten bei mittlerer Hitze anbraten, dann im 80 Grad heissen Ofen je nach gewünschter Garstufe 2–2½ Stunden nachgaren lassen.
- Gerollter Lammgigotbraten (Keule): Je nach Grösse rundum 8–10 Minuten anbraten, auch an den Enden. Dann im 80 Grad heissen Ofen 2½–3 Stunden nachgaren lassen.

Kalbsnuss an Champagnersauce

Eine edle Sauce für ein edles Stück: eine Kalbsnuss, wird begleitet von einer cremigen Gemüsesauce, raffiniert aromatisiert mit Champagner. Selbstverständlich kann man dazu auch Prosecco, Cava, Sekt oder einen anderen Schaumwein nehmen. Hat man keinen Doppelrahm zur Hand, lässt man 400 ml Vollrahm zur Hälfte einkochen.

Für 4–6 Personen

Vorbereiten inkl. Anbraten: 20 Minuten
Nachgaren inkl. Zubereiten der Sauce: 2½–3 Stunden

1 mittlere Karotte
1–2 zarte Stangenselleriezweige (etwa gleiches Gewicht wie die Karotte)
1 Stück Lauch, etwa 4 cm lang
1 runde Kalbsnuss oder falsches Filet (ca. 600 g)
Salz, schwarzer Pfeffer aus der Mühle
1 Esslöffel Bratbutter
50 ml Weisswein
1 Esslöffel Butter zum Dünsten
375 ml Champagner brut
¼ l Doppelrahm
40 g Butter zum Fertigstellen der Sauce

1 Den Backofen auf 80 Grad vorheizen und eine Platte mitwärmen.
2 Die Karotte schälen, Stangensellerie und Lauch rüsten. Alle Gemüse in kleinste Würfelchen schneiden.
3 Die Kalbsnuss mit Salz und Pfeffer würzen. In der heissen Bratbutter rundum je nach Dicke 8–10 Minuten kräftig anbraten. Herausnehmen, sofort auf die vor-

gewärmte Platte geben und im 80 Grad heissen Ofen 2½–3 Stunden nachgaren lassen.

4 Den Bratensatz mit dem Weisswein auflösen und beiseite stellen.

5 In einem kleinen Topf die Butter schmelzen. Die vorbereiteten Gemüsewürfelchen darin andünsten. 300 ml Champagner – der Rest wird zum Fertigstellen der Sauce verwendet! – und den Bratensatz dazugiessen und alles auf grosser Hitze gut zur Hälfte einkochen lassen. Durch ein Sieb abgiessen und das Gemüse beiseite stellen. Den Jus in die Pfanne zurückgeben.

6 Doppelrahm beifügen und die Sauce noch so lange einkochen lassen, bis sie cremig bindet. Mit Salz und Cayennepfeffer würzen und beiseite stellen.

7 Unmittelbar vor dem Servieren die Sauce nochmals aufkochen. Die Butter in Flocken beifügen und einziehen lassen. Den restlichen Champagner und die Gemüsewürfelchen beifügen und nur noch gut heiss werden lassen. Wenn nötig nachwürzen.

8 Die Kalbsnuss in dünne Scheiben aufschneiden, anrichten und mit Sauce umgiessen.

Dazu passt:

- Trockenreis oder roter Camarguereis
- Feine Nudeln
- Schupfnudeln
- Kartoffelküchlein

Zubereitung auch geeignet für:

- Perlhuhnbrust: Die Perlhuhnbrüstchen etwa 4 Minuten anbraten und bei 80 Grad 1–1¼ Stunden nachgaren lassen.
- Kalbsfilet: Je nach Grösse 5–6 Minuten anbraten und bei 80 Grad 1¾–2 Stunden nachgaren lassen.
- Kalbsnierstück: 8–10 Minuten anbraten und bei 80 Grad 2–2½ Stunden nachgaren lassen.

Salbei-Kalbsfilet an Trüffelsauce

Trüffel sind eine teure Angelegenheit. Wer eine günstigere Variante sucht, kann es einmal mit einer falschen Trüffelsauce versuchen, die ebenfalls hervorragend schmeckt: 8 schöne getrocknete Morcheln gründlich spülen, dann mindestens 20 Minuten in warmer Milch einlegen. Nochmals gründlich spülen, dann fein hacken und wie die Trüffel im Rezept weiterverwenden.

Für 4–5 Personen

Vorbereiten inkl. Anbraten: 10 Minuten
Nachgaren inkl. Zubereiten der Sauce: 1¾–2 Stunden

Ca. 600 g Kalbsfilet
Salz, schwarzer Pfeffer aus der Mühle
5–6 Salbeizweige
1 Esslöffel Bratbutter
100 ml Marsala
200 ml Kalbsfond
1 Döschen eingemachte Trüffel (1–2 Stück oder Trüffelabschnitte; im Feinkostgeschäft oder in grossen Lebensmittelgeschäften erhältlich)
ca. 80 g Butter

1 Den Backofen auf 80 Grad vorheizen und eine Platte oder Form mitwärmen.

2 Das Kalbsfilet rundum mit Salz und frisch gemahlenem Pfeffer würzen. Das dünne Ende des Filets umklappen. Die Salbeizweige um das Fleisch legen und mit Küchenschnur festbinden.

3 Die Bratbutter erhitzen. Das Kalbsfilet darin rundum je nach Dicke 4–5 Minuten anbraten. Sofort in die vorgewärmte Form geben und bei 80 Grad während 1¾–2 Stunden nachgaren lassen.

Kalbsnuss an Champagnersauce

Salbei-Kalbsfilet an Trüffelsauce

4 Überschüssiges Bratfett abgiessen. Den Bratensatz mit dem Marsala ablöschen und zur Hälfte einkochen lassen. Dann den Kalbsfond beifügen und nochmals zur Hälfte reduzieren.

5 Jetzt den Trüffeljus aus dem Döschen zur Sauce giessen. Die Trüffel wenn nötig leicht schälen und fein hacken. Ebenfalls in die Sauce geben. Bis zum Servieren beiseite stellen.

6 Vor dem Anrichten die Sauce nochmals aufkochen. Die Butter in Flocken in die leicht kochende Sauce geben und einziehen lassen. Mit Salz und Pfeffer würzen.

7 Vom Kalbsfilet die Salbeizweige entfernen und das Fleisch in Scheiben schneiden. Auf vorgewärmten Tellern anrichten und mit Trüffelsauce umgiessen.

Dazu passt:

- Feine Nudeln
- Gebratene Spätzli
- Wildreis
- Kürbisrisotto
- Kleine Kartoffeln, geschält und in Salzwasser vorgekocht und dann mit gehackten Dörrtomaten, Zwiebeln und Knoblauch gebraten
- Gebratene Maistaler (Rezept Seite 55)

Zubereitung auch geeignet für:

- Perlhuhnbrust: Die Perlhuhnbrüstchen etwa 4 Minuten anbraten und bei 80 Grad 1–1¼ Stunden nachgaren lassen.
- Rindsfilet: Je nach Dicke und gewünschter Garstufe 4–7 Minuten – auch an den Enden – anbraten, dann bei 80 Grad 1 Stunde (blutig) bis 1½ Stunden (rosa) nachgaren lassen.

Kalbsfilet im Basilikumjus

Gewürzt wird diese elegante Sauce neben Basilikum, Noilly Prat und Weisswein auch mit Fleischextrakt, einer dunkelbraunen, fast schwarzen Paste, die es unter verschiedenen Markennamen zu kaufen gibt, am bekanntesten sind Liebigs und Bovril. Fleischextrakt ist der eingedickte Auszug aus frischem Fleisch, der die löslichen Mineral-, Inhalts- und Aromastoffe, aber praktisch kein Fett und Eiweiss enthält. Im Gegensatz zu Bouillon ist Fleischextrakt nicht gesalzen und daher überall dort ideal, wo Saucenflüssigkeit eingekocht werden muss. Auf 100 ml Saucenflüssigkeit rechnet man 1 Teelöffel Fleischextrakt.

Für 4–6 Personen

Vorbereiten inkl. Anbraten: 15 Minuten
Nachgaren inkl. Zubereiten der Sauce: 1½ Stunden

3 Bund Basilikum
1 Kalbsfilet, ca. 600 g schwer
Salz, schwarzer Pfeffer aus der Mühle
1 Esslöffel Butter
2 Esslöffel Olivenöl
100 ml Noilly Prat (trockener Wermut)
100 ml Weisswein
100 ml Kalbsfond
1 Teelöffel Fleischextrakt
2–3 feste Tomaten
60–80 g Butter

1 Den Backofen auf 80 Grad vorheizen und eine Platte mitwärmen.

2 Das Basilikum fein hacken.

Kalbsfilet im Basilikumjus

3 Das Kalbsfilet rundum mit Salz und Pfeffer würzen. In einer Bratpfanne auf mittlerer Hitze die Butter und das Olivenöl erhitzen (das Olivenöl verhindert, dass die Butter verbrennt). Die Hälfte des Basilikums beifügen. Das Kalbsfilet hineingeben und bei eher kleiner Hitze rundum je nach Dicke 10–12 Minuten braten. Wichtig: Nicht zu stark braten, sonst verbrennen die Kräuter! Das Filet aus der Pfanne nehmen, auf die vorgewärmte Platte geben und im 80 Grad heissen Ofen etwa 1½ Stunden nachgaren lassen.

4 Inzwischen Noilly Prat, Weisswein und Kalbsfond zum Bratensatz geben. Den Fleischextrakt beifügen und alles auf 100 ml einkochen lassen. Beiseite stellen.

5 Die Tomaten quer halbieren, entkernen und klein würfeln. Leicht salzen.

6 Unmittelbar vor dem Servieren die Tomatenwürfelchen zum Basilikumjus geben, aufkochen, die restliche Butter und das restliche Basilikum hineingeben und einziehen lassen. Den Jus mit Salz und Pfeffer abschmecken.

7 Das Kalbsfilet schräg in Scheiben schneiden, auf die Platte zurückgeben und alles mit Basilikumjus umgiessen. Sofort servieren.

Dazu passt:

- Weisswein- oder Safranrisotto (Rezept Seite 115)
- Feine Nudeln
- Kleine Rösti aus rohen Kartoffeln
- Kartoffelküchlein
- Gebratene Zucchetti
- Glasierte Karotten

Zubereitung auch geeignet für:

- Pouletbrüstchen: Je nach Grösse 8–10 Minuten wie im Rezept beschrieben am Anfang auf mittlerer, dann kleiner Hitze anbraten, bei 80 Grad 45–60 Minuten nachgaren lassen.
- Kalbsnierstück: Rundherum je nach Dicke 12–15 Minuten am Anfang auf mittlerer, dann kleiner Hitze anbraten, bei 80 Grad 2–2½ Stunden nachgaren lassen.
- Schweinsnierstück: Gleiche Zubereitung wie Kalbsnierstück, aber 2½ Stunden nachgaren lassen.

Schweinsfilet mit Fenchel-Zwiebel-Kompott

Eine raffinierte Zubereitungsart: In Streifen geschnittener Fenchel und Zwiebeln werden mit Senf, Essig und Rahm geschmort und zusammen mit dem Schweinsfilet im Ofen bei moderater Hitze langsam fertig gegart.

Für 4 Personen

Vorbereiten: 30 Minuten
Backen: 30 Minuten

1 grosse Zwiebel
2 grosse Fenchelknollen
3–4 Esslöffel Öl
1 Teelöffel Dijonsenf
2 Esslöffel weisser Balsamico- oder milder Weissweinessig
150 ml Rahm
Salz, Pfeffer aus der Mühle
1 Schweinsfilet, 500–600 g schwer
2 Esslöffel Bratbutter

1 Die Zwiebel schälen, halbieren und in feine Streifen schneiden. Den Fenchel rüsten, halbieren, den Strunk herausschneiden und das Gemüse ebenfalls in feine Streifen schneiden.

2 Das Öl erhitzen und beide Gemüse darin auf kleiner Hitze etwa 5 Minuten dünsten; es soll keine Farbe annehmen. Zuerst den Senf und den Essig, dann den Rahm unterrühren. Das Kompott zugedeckt auf kleiner Hitze etwa 15 Minuten leise kochen lassen. Zuletzt mit Salz und Pfeffer würzen.

3 Inzwischen das Schweinsfilet mit Salz und Pfeffer würzen. In der heissen Bratbutter rundum während 5 Minuten anbraten. Das Filet in eine ofenfeste Form geben und das Kompott darum herum verteilen.

4 Das Schweinsfilet im auf 150 Grad vorgeheizten Ofen auf der zweituntersten Rille je nach Grösse des Stücks 25–30 Minuten garen.

5 Zum Servieren das Filet in etwa 2 cm dicke Medaillons schneiden und auf dem Fenchel-Zwiebel-Kompott anrichten.

Dazu passt:

- Kleine Rösti aus rohen Kartoffeln, gewürzt mit reichlich Kräutern
- Bratkartoffeln
- Reisküchlein
- Braune Linsen

Zubereitung auch geeignet für:

- Pouletbrüstchen: Je nach Grösse beidseitig insgesamt 4–5 Minuten anbraten, dann nach Rezept weiterfahren.
- Lammrückenfilet: Je nach Dicke rundherum 2–3 Minuten anbraten, dann nach Rezept weiterfahren.

Kalbskarreebraten an Senfsauce

Das Kalbkarree unterscheidet sich vom Nierstück darin, dass es – wie ein Kotelett – noch in den Knochen liegt. Dadurch verlängert sich auch seine Garzeit. Die Sauce zu diesem stattlichen Fleischstück wird mit Senfpulver zubereitet, ein Produkt englischer Herkunft, das in der Regel in gut sortierten Lebensmittelgeschäften in kleinen Blechdosen verkauft wird. In Grossbritannien und Amerika ist Senfpulver so verbreitet wie bei uns der Senf in der Tube. Vor Gebrauch wird das Pulver meistens mit Flüssigkeit angerührt; wird es kalt, also nicht gekocht verwendet, muss man es etwa 10 Minuten ziehen lassen, damit sich das Aroma entfalten kann. Senfpulver wird immer erst gegen Ende des Kochvorgangs beigefügt.

Für 6–8 Personen

Vorbereiten: 20 Minuten
Nachgaren: 3–3½ Stunden

1,2–1,5 kg Kalbskarreebraten mit Knochen
Salz, Pfeffer aus der Mühle
1 Esslöffel Bratbutter
2 Thymianzweige
8–10 Salbeiblätter
4 Rosmarinzweige
2–3 Esslöffel Olivenöl

Senfsauce:
1 Schalotte
1 Esslöffel Butter
2 Messerspitzen Currypulver
50 ml Cognac
200 ml Weisswein
200 ml Kalbsfond
1 Lorbeerblatt
2–3 Thymianzweige
2–3 Petersilienzweige
2 Teelöffel englisches Senfpulver
¼ l Rahm
2 Esslöffel körniger Senf

1 Den Backofen auf 80 Grad vorheizen und eine Platte mitwärmen.

2 Das Bratenstück mit Salz und Pfeffer würzen. In der heissen Bratbutter rundum – auch an den Enden – insgesamt 10 Minuten anbraten. Auf die vorgewärmte Platte geben und im 80 Grad heissen Ofen 2½–3 Stunden nachgaren lassen.

3 Alle Kräuterblättchen von den Zweigen zupfen und fein hacken. Mit dem Olivenöl mischen. Nach 2½–3 Stunden Garzeit den Braten mit der Kräutermischung bestreichen. Nochmals 30 Minuten nachgaren lassen.

4 Für die Sauce die Schalotte schälen und hacken. In der Butter hellgelb dünsten. Das Currypulver beifügen und kurz mitdünsten. Mit Cognac, Weisswein und Kalbsfond ablöschen. Die Kräuter beifügen. Die Sauce auf grosser Hitze zur Hälfte einkochen lassen.

5 Die Sauce durch ein Sieb abgiessen, dabei die Rückstände gut auspressen. In die Pfanne zurückgeben. Das Senfpulver mit etwas Saucenflüssigkeit verrühren und beifügen. Rahm und körnigen Senf unterrühren und die Sauce noch so lange kochen lassen, bis sie leicht bindet. Mit Salz und Pfeffer abschmecken.

6 Zum Servieren den Braten in etwa 1 cm dicke Scheiben schneiden, auf vorgewärmten Tellern anrichten und mit Sauce umgiessen.

Schweinsfilet mit Fenchel-Zwiebel-Kompott

Kalbskarreebraten an Senfsauce

Dazu passt:
- Feine oder breite Nudeln
- Weisswein- oder Kürbisrisotto
- In Scheiben geschnittene Kartoffeln, zusammen mit Zwiebelringen und reichlich Rosmarin gebraten
- Zuckermais-Galetten (Rezept Seite 40)
- Gebratene Zucchetti mit Basilikum
- Gedünsteter Blattspinat
- Glasierte Karotten
- Gedünsteter Fenchel
- Blumenkohl, vor dem Servieren mit einer Mischung von in Butter geröstetem Paniermehl und gehacktem Ei bestreut

Zubereitung auch geeignet für:
- Schweinskarree: Gleiche Zubereitung wie Kalbskarree.
- Schweinsfilet: Je nach Grösse insgesamt 4–5 Minuten anbraten, dann 1½–1¾ Stunden bei 80 Grad nachgaren lassen.
- Entrecôte: Bis 900 g rundherum 4–5 Minuten, ab 1 kg 6–7 Minuten anbraten, dann bei 80 Grad 1¼ Stunden (blutig) bis 1¾ Stunden (rosa; grössere Stücke 2 Stunden) nachgaren lassen.
- Entenbrust: Zuerst auf der Fettseite 3 Minuten, dann je nach Grösse auf der Fleischseite 1½–2 Minuten anbraten und etwa 1 Stunde bei 80 Grad nachgaren lassen.

Gefülltes Schweinsfilet mit Saucisson

Die verschiedenen Westschweizer Saucisson-Spezialitäten sind mal feiner, mal gröber im Wurstbrät. Welche Art man für die originelle Füllung dieses Schweinsfilets verwendet, hängt von der persönlichen Vorliebe ab. Begleitet wird es von einer gehaltvollen Schalotten-Rotwein-Sauce, die auch zu rotem Fleisch wie Entrecôte oder Lammgigot (Lammkeule) gut passt.

Für 6–8 Personen

Einweichen der Pilze: 20 Minuten
Vorbereiten: 30 Minuten
Nachgaren: 20 Minuten

20 g getrocknete Steinpilze
1 Schalotte
½ Bund Petersilie
4 Zweige Majoran
1 Esslöffel Butter
ca. 250 g rohe Saucisson
1 Eigelb
2 grosse Schweinsfilets
1 Esslöffel Bratbutter
Salz, schwarzer Pfeffer aus der Mühle

Schalottensauce:
150 g Schalotten
1 Esslöffel Butter
1 Esslöffel Zucker
100 ml roter Portwein
2–3 Esslöffel Rotweinessig
¼ l kräftiger Rotwein
80 g Butter

1 Die Steinpilze mit warmem Wasser bedeckt etwa 20 Minuten einweichen. Abschütten, gut ausdrücken und fein hacken.

2 Die Schalotte schälen und fein hacken. Petersilie und Majoran ebenfalls hacken.

3 Die Butter erhitzen. Schalotte und Steinpilze darin etwa 3–4 Minuten dünsten. Dann die Kräuter beifügen und kurz mitdünsten. Die Masse würzen und leicht abkühlen lassen.

4 Die rohe Saucisson schälen und das Wurstfleisch in eine Schüssel geben. Mit einer Gabel fein zerdrücken. Dann die Steinpilze und das Eigelb beifügen und alles sehr gut mischen.

5 Die Schweinsfilets der Länge nach auf-, aber nicht durchschneiden. Die Füllung in den Filets verteilen. Die Filets zuklappen und mit Küchenschnur binden.

6 Den Backofen auf 120 Grad vorheizen.

7 In einer Bratpfanne die Bratbutter erhitzen. Die gefüllten Schweinsfilets mit Salz und Pfeffer würzen und auf mittlerer Hitze rundum 10 Minuten braten. Auf eine Platte geben und im 120 Grad heissen Ofen 20 Minuten nachgaren lassen. Die Bratpfanne mit dem Bratensatz beiseite stellen.

8 Inzwischen für die Sauce die Schalotten schälen und fein hacken.

9 Die Butter in die beiseite gestellte Pfanne mit dem Bratensatz geben und erhitzen. Die Schalotten darin andünsten. Den Zucker darüber streuen und kurz mitrösten. Mit dem Portwein und dem Essig ablöschen. Etwa zur Hälfte einkochen lassen. Dann den Rotwein beifügen und wiederum alles zur Hälfte reduzieren.

10 Vor dem Servieren die Butter in Flocken in die kochende Sauce geben und einziehen lassen. Mit Salz und Pfeffer abschmecken. Die Filets in dicke Scheiben schneiden, anrichten und mit etwas Sauce umgiessen.

Dazu passt:

- Breite Nudeln
- In Butter gebratene kleine Schalenkartoffeln
- Kleine Rösti aus rohen Kartoffeln
- Kartoffelküchlein
- Kartoffel-Apfel-Püree: 600 g Kartoffeln schälen, in Stücke schneiden und in Salzwasser zugedeckt weich kochen. Gleichzeitig 400 g säuerliche Äpfel schälen, vierteln, entkernen und in wenig Wasser zugedeckt weich kochen. Kartoffeln und Äpfel abgiessen. In einen der Töpfe zurückgeben und auf der ausgeschalteten Herdplatte kurz trockendämpfen. 100–150 ml Rahm, je nach Kartoffelsorte, aufkochen. Kartoffeln und Äpfel durch das Passiergerät direkt zum Rahm geben. Mit Salz, Pfeffer und Muskat abschmecken.
- Gebratene Maistaler (Rezept Seite 55)
- Glasierte Karotten
- In Butter gedünstete Kabisschnitze (Weisskohl)

Zubereitung auch geeignet für:

Pouletbrüstchen: In die Brustfilets jeweils eine tiefe Tasche schneiden und füllen; mit Zahnstochern verschliessen. Je nach Grösse 8–10 Minuten anbraten. Dann nach Rezept weiterfahren.

Pfeffer-Schweinsfilet an Marsalasauce

Dieses Schweinsfilet erhält eine Art Würzpanade aus grobkörnigem Senf und einer Mischung von verschiedenen Pfeffersorten, nämlich weissem, schwarzem, grünem und rotem Pfeffer. Dabei handelt es sich mit Ausnahme des roten Pfeffers immer um die Beeren des gleichen Strauchs. Für schwarzen Pfeffer werden die unreifen Beeren getrocknet, wobei sie sich dunkel färben. Auch grüner Pfeffer ist unreif, er wird jedoch gefriergetrocknet; dabei bleibt sein würzig-scharfes Aroma besonders gut erhalten. Um weissen Pfeffer zu erhalten, entfernt man von den reifen Beeren die Fruchtschale und lässt sie trocknen. Rote Pfefferkörner stammen von einem in Südamerika beheimateten Strauch, der nicht mit dem Pfeffer verwandt ist. Die vier Pfefferkörnersorten sind auch als Pfeffermischung erhältlich. So genanntes Pfefferbouquet enthält neben Pfeffer auch noch Koriandersamen.

Für 4–5 Personen

Vorbereiten: 10 Minuten
Nachgaren inkl. Zubereiten der Sauce: 1¾–2 Stunden

2 Esslöffel gemischte schwarze, weisse, rote und grüne Pfefferkörner
2 gehäufte Esslöffel grobkörniger Senf
1 grosses Schweinsfilet, ca. 600 g schwer
Salz
1 Esslöffel Bratbutter
150 ml Marsala
200 ml Rotwein
1 Teelöffel Fleischextrakt oder ½ Teelöffel Hühnerbouillonpaste
ca. 80 g Butter

1 Den Backofen auf 80 Grad vorheizen und eine Platte mitwärmen.
2 Die Pfefferkörner grob zerdrücken. Mit dem Senf mischen.
3 Das Schweinsfilet salzen. In der heissen Bratbutter rundum 2 Minuten kräftig anbraten. Die Hitze reduzieren. Das Filet mit der Senf-Pfeffer-Mischung einstreichen. Weitere 5 Minuten sanft braten. Auf die vorgewärmte Platte geben und im 80 Grad heissen Ofen 1¾ bis 2 Stunden nachgaren lassen.
4 Den Bratensatz mit dem Marsala und dem Rotwein auflösen. Durch ein Sieb giessen und in einen Topf geben. Fleischextrakt oder Bouillonpaste beifügen. Alles gut zur Hälfte einkochen lassen. Beiseite stellen.
5 Unmittelbar vor dem Servieren die Sauce nochmals aufkochen. Die Butter in Flocken beifügen und in die Sauce einziehen lassen, bis diese leicht bindet. Wenn nötig nachwürzen.
6 Das Fleisch schräg in Scheiben aufschneiden, auf warmen Tellern anrichten und mit Sauce überziehen.

Dazu passt:
- Feine oder breite Nudeln
- Kürbis- oder Safranrisotto (Rezept Seite 115)
- Gebratene Maistaler (Rezept Seite 55)
- Kartoffelküchlein
- Glasierte Karotten (Rezept Seite 136)
- Ratatouille

Zubereitung auch geeignet für:
- Lammrückenfilets: Rundum etwa 2 Minuten braten, dann bei 80 Grad 60–75 Minuten nachgaren lassen.
- Entrecôte double: Rundum 2½–3 Minuten anbraten, dann bei 80 Grad 1 Stunde (blutig) bis 1½ Stunden (rosa) nachgaren lassen.

Gefülltes Schweinsfilet mit Saucisson

Pfeffer-Schweinsfilet an Marsalasauce

Honig-Schweinsbraten

Dieser Braten gehört zu den «pflegeleichten» Stücken: Er lässt sich gut vorbereiten und kann während des Garens mehr oder weniger seinem Schicksal überlassen werden – es kann dabei wirklich nichts schief gehen! Verwenden Sie einen eher geschmacksneutralen Honig, wie zum Beispiel einen Blütenhonig, damit die Sauce keine dominante Note erhält; allenfalls kann man der Sauce mit einigen Tropfen Zitronensaft die nötige Säure verleihen.

Für 5–6 Personen

Vorbereiten: 20 Minuten
Nachgaren inkl. Zubereiten der Sauce: 4½ Stunden

80 g Honig
1 Teelöffel scharfer Senf
50 g Butter
1–1,2 kg Schweinsbraten (Stotzen oder Schulter)
Salz, Pfeffer aus der Mühle
2 Esslöffel Bratbutter
50 ml Cognac
200 ml Kalbsfond
100 ml Doppelrahm
½ Bund Thymian

1 Den Backofen auf 80 Grad vorheizen und eine Platte mitwärmen.

2 Honig, Senf und Butter gut vermischen.

3 Das Fleisch mit Salz und Pfeffer würzen. In der heissen Bratbutter rundum während 6–7 Minuten kräftig anbraten.

4 Das Fleisch mit der Honig-Butter-Mischung bestreichen und nochmals kurz rundum braten. Den Cognac über das Fleisch träufeln. Den Braten aus der Pfanne nehmen, auf die vorgewärmte Platte legen und im vorgeheizten Ofen bei 80 Grad etwa 4½ Stunden gar ziehen lassen.

5 Den Bratensatz mit dem Kalbsfond auflösen und durch ein Sieb in einen kleinen Topf giessen. Auf mittlerer Hitze gut zur Hälfte einkochen lassen. Den Doppelrahm beifügen. Die Sauce noch so lange kochen lassen, bis sie leicht bindet. Mit Salz und Pfeffer abschmecken. Beiseite stellen.

6 Die Thymianblättchen von den Zweigen zupfen.

7 Vor dem Servieren die Sauce nochmals aufkochen und die Thymianblättchen beifügen. Den Braten in Scheiben schneiden, auf vorgewärmten Tellern anrichten und mit heisser Sauce überziehen.

Dazu passt:
- Feine oder breite Nudeln
- Kartoffelküchlein
- Kartoffel-Sellerie- oder Kartoffel-Apfel-Püree (Rezept Seite 105)
- Gedünstete Karotten, evtl. mit Pfälzer Rüben oder Kohlrabi gemischt
- Rosenkohl

Schweinsnierstück an leichter Currysauce

Curry ist kein Einzelgewürz, sondern eine Mischung aus bis zu 35 verschiedenen Gewürzen. Auf keinen Fall fehlen dürfen in einem Curry Kurkuma – es ist für die intensiv gelbe Farbe verantwortlich –, Ingwer, Kardamom, Pfeffer, Koriander, Kreuzkümmel, Zimt, Nelken, Muskat und Chili. Ob Curry mild und leicht süsslich oder würzig-scharf schmeckt, hängt von der Mischung der Gewürze und vom Chiligehalt ab. Am besten entwickelt Curry sein Aroma, wenn man ihn zuerst in Butter oder Öl anröstet und erst dann die weiteren Zutaten beifügt. Die folgende Currysauce passt nicht nur zum rezeptierten Schweinsnierstück, sondern auch zu praktisch jedem anderen Fleisch. Sie kann gut im Voraus zubereitet und im Kühlschrank gut verschlossen 4–5 Tage, tiefgekühlt bis zu 3 Monaten aufbewahrt werden.

Für 4–6 Personen

Vorbereiten: 15 Minuten
Nachgaren inkl. Zubereiten der Sauce: 2–2½ Stunden

600–800 g Schweinsnierstück
Salz, Pfeffer, Paprika
1 Esslöffel Bratbutter
1 mittlere Karotte
1 Zweig Stangesellerie mitsamt Grün
1 mittlere Zwiebel
1 mittlere Tomate
2 Esslöffel Butter
1 gehäufter Esslöffel milder Curry
150 ml Weisswein
¼ l Kalbsfond
4 Petersilienzweige
6 Thymianzweige
1 Lorbeerblatt
150 ml Doppelrahm oder ¼ l Vollrahm

Garnitur:
2–3 mittlere Karotten
2–3 Zweige Stangensellerie
1 Esslöffel Butter
Salz

1 Den Backofen auf 80 Grad vorheizen und eine Platte mitwärmen.

2 Das Schweinsnierstück mit Salz, Pfeffer und Paprika würzen. In der heissen Bratbutter von allen Seiten – auch an den Enden! – je nach Dicke 8–10 Minuten anbraten. Auf die vorgewärmte Platte geben und im 80 Grad heissen Ofen 2–2½ Stunden nachgaren lassen. Den Bratensatz mit 50 ml Wasser auflösen, durch ein Sieb giessen und beiseite stellen.

3 Karotte schälen, Stangensellerie mitsamt Grün waschen und beide Gemüse in kleine Stücke schneiden. Die Zwiebel schälen und hacken. Die Tomate quer halbieren, entkernen und würfeln.

4 In einem mittleren Topf die Butter erhitzen. Zwiebel, Karotte und Sellerie und Tomaten darin anrösten. Das Currypulver beifügen und kurz mitdünsten, bis es gut riecht. Mit dem Weisswein, dem Kalbsfond und dem beiseite gestellten Bratensatz ablöschen. Petersilien- und Thymianzweige sowie Lorbeerblatt beifügen. Alles bei starker Hitze gut zur Hälfte einkochen lassen.

5 Inzwischen für die Garnitur die Karotten schälen und klein würfeln. Den Stangensellerie rüsten, dicke Zweige der Länge nach halbieren oder dritteln und ebenfalls klein würfeln. In einem kleinen Topf in der erwärmten Butter knackig dünsten. Leicht salzen. Beiseite stellen.

Honig-Schweinsbraten

Schweinsnierstück an leichter Currysauce

6 Die Hälfte des Doppel- oder Vollrahms zum eingekochten Fond geben, gut aufkochen, dann die Sauce durch ein feinmaschiges Sieb passieren. In den Topf zurückgeben. Den restlichen Rahm beifügen und die Sauce noch so lange reduzieren, bis sie leicht bindet. Mit Salz, Pfeffer und eventuell etwas Curry abschmecken.
7 Zum Servieren das Garniturgemüse nochmals kurz erhitzen. Die Sauce aufkochen. Das Schweinsnierstück in dünne Scheiben aufschneiden, auf vorgewärmten Tellern anrichten, mit etwas Sauce umgiessen und mit Gemüsewürfelchen bestreuen. Die restliche Sauce separat dazu servieren.

Dazu passt:
- Basmatireis
- Trockenreis, mit grob gehackten grünen Pistazien in etwas Butter nochmals gut erhitzt
- Roter Camarguereis
- Gebratene kleine Schalenkartoffeln

Zubereitung auch geeignet für:
- Pouletbrüstchen: Je nach Grösse insgesamt 3–4 Minuten anbraten und bei 80 Grad 45–60 Minuten nachgaren lassen.
- Kalbsfilet: Je nach Grösse rundum 5–6 Minuten anbraten und bei 80 Grad 1¾–2 Stunden nachgaren lassen.
- Schweinsfilet: Je nach Grösse insgesamt 4–5 Minuten anbraten und bei 80 Grad etwa 1½ Stunden nachgaren lassen.
- Kalbsnierstück: Rundum 8–10 Minuten anbraten und bei 80 Grad 2–2½ Stunden nachgaren lassen.

Doppeltes Schweinskotelett in Gemüserahm

Das Kotelett ist eines der beliebtesten Stücke vom Schwein. Es stammt aus der Rippe, und ein Stück dieser Rippe ist meistens auch dabei, wenn uns der Metzger ein Kotelett auf die Waage legt. Meistens – aber nicht immer. Denn bei den gut 2 cm dick geschnittenen Koteletts für den Normalbedarf gibt es von Rippe zu Rippe zwei, eines mit und eines ohne Knochen – Letzteres auch «blindes» Kotelett genannt. Ein doppeltes Schweinskotelett besteht aus beiden Stücken in einem. Wenn es zwei Knochen aufweist, lässt man einen Knochen entfernen, damit das Fleischstück beim Braten besser flach gedrückt werden kann.

Für 4 Personen

Vorbereiten: 30 Minuten
Nachgaren inkl. Zubereiten der Sauce: 1¾–2 Stunden

2 doppelte magere Schweinskoteletts, je ca. 450 g schwer
ca. 250 g gemischtes Gemüse, gerüstet gewogen (z.B. Karotten, Kohlrabi, Broccoli, Zucchetti)
100 g Kalbsbrät
Salz, Pfeffer aus der Mühle
1 Teelöffel Senf
2 Esslöffel Bratbutter
2 Rosmarinzweige
50 ml Noilly Prat (trockener Wermut)
200 ml Kalbsfond oder Bouillon
200 ml Rahm
½ Teelöffel Senf zum Abschmecken der Sauce

1 Bei zwei Knochen pro Stück den einen Kotelettknochen vom Metzger herausschneiden lassen, damit man das Fleisch etwas flacher drücken kann. In jedes Kotelett eine tiefe Tasche einschneiden.
2 Den Backofen auf 80 Grad vorheizen und eine Platte mitwärmen.
3 Das Gemüse in ganz feine Würfelchen schneiden. Die Hälfte des Gemüses in einem kleinen Topf in wenig Salzwasser 3–4 Minuten blanchieren. In ein Sieb abschütten, kalt abschrecken und auf Küchenpapier trocken-tupfen. Dann unter das Kalbsbrät mischen und die Koteletts damit füllen. Mit Küchenschnur zunähen oder mit Zahnstochern verschliessen.
4 Die Koteletts mit Salz und Pfeffer würzen und mit Senf bestreichen. In der heissen Bratbutter rundum insgesamt 6 Minuten anbraten; dabei die Rosmarinzweige mitbraten, ohne dass sie schwarz werden. Die Koteletts sofort auf die vorgewärmte Platte legen, mit den gebratenen Rosmarinzweigen belegen und im 80 Grad heissen Ofen auf der zweituntersten Rille 1¾–2 Stunden nachgaren lassen.
5 Den Bratensatz mit Noilly Prat und Kalbsfond oder Bouillon ablöschen. Das restliche Gemüse dazugeben und 10–15 Minuten weich kochen. Die Sauce mit dem Stabmixer oder im Mixer pürieren. In einen kleinen Topf geben.
6 Den Rahm beifügen und die Sauce nochmals etwa 5 Minuten kochen lassen. Mit Salz, Pfeffer und Senf abschmecken.
7 Zum Servieren die Sauce nochmals erhitzen. Die doppelten Schweinskoteletts in Scheiben aufschneiden, auf vorgewärmten Tellern anrichten und mit Sauce umgiessen.

Dazu passt:
- Bouillonreis
- Roter Camarguereis
- Gebratene Spätzli
- Gebratene kleine Schalenkartoffeln
- Bratkartoffeln

Zubereitung auch geeignet für:
- Doppeltes Kalbskotelett: Nach Rezept zubereiten.
- Pouletbrüstchen: In die Brustfilets eine tiefe Tasche schneiden und füllen; mit Zahnstochern verschliessen. Je nach Grösse zuerst auf mittlerer, dann auf kleiner Hitze 8–10 Minuten anbraten und bei 80 Grad 45–60 Minuten nachgaren lassen.

Doppeltes Schweinskotelett in Gemüserahm

Mariniertes Rindsfilet an Cognacsauce

Wie lange das zarte Fleischstück in der Marinade bleibt, hängt einerseits davon ab, wie intensiv man das Aroma wünscht, aber auch davon, ob man das Fleisch bei Zimmertemperatur oder im Kühlschrank durchziehen lässt. Wenn es schnell gehen soll, reicht 1 Stunde bei Zimmertemperatur für ein feines Aroma; im Kühlschrank sollten es etwa 3 Stunden sein. Praktisch zum Marinieren ist, das Fleisch in einen Gefrierbeutel zu geben, die Marinade darüber zu verteilen und den Beutel dann möglichst satt zuzubinden; auf diese Weise ist das Fleisch immer von Marinade umhüllt.

Für 4–5 Personen

Marinieren: mindestens 1 Stunde
Nachgaren inkl. Zubereiten der Sauce: 1¼–1¾ Stunden

4 Knoblauchzehen
2 Zweige Salbei
1 Zweig Rosmarin
5 Wacholderbeeren
100 ml trockener Weisswein
2 Esslöffel Cognac
ca. 600 g Rindsfilet am Stück
Salz, Pfeffer aus der Mühle
1 Esslöffel Bratbutter
1 Schalotte
1 Esslöffel Butter
150 ml Kalbsfond oder leichte Hühnerbouillon
2–3 frische Lorbeerblätter
1 gestrichener Teelöffel Senfpulver (siehe Rezepteinleitung Seite 102).
2–3 Esslöffel Cognac
200 ml Rahm
einige Tropfen Zitronensaft

1 Den Knoblauch schälen und in feine Scheiben schneiden. Mit den Salbeiblättern, den Rosmarinnadeln und dem Wacholder in einen Topf geben. Den Weisswein dazugiessen und auf grosser Hitze etwa 2 Minuten kochen lassen. Dann den Cognac beifügen.

2 Das Filet mit der noch warmen Weissweinmarinade begiessen. In eine Schüssel oder in einen Gefrierbeutel legen und bei Zimmertemperatur mindestens 1 Stunde, im Kühlschrank etwa 3 Stunden marinieren.

3 Den Ofen auf 80 Grad vorwärmen und eine Platte mitwärmen.

4 Das Filet aus der Marinade nehmen und trockentupfen. Mit Salz und Pfeffer rundherum würzen. In der heissen Bratbutter rundum insgesamt je nach Dicke und gewünschter Garstufe 4–7 Minuten anbraten. Sofort auf die vorgewärmte Platte geben und im 80 Grad heissen Ofen 1 Stunde (blutig) bis 1½ Stunden (rosa) nachgaren lassen.

5 Den Bratensatz mit der Marinade auflösen und durch ein Sieb giessen. Beiseite stellen.

6 Die Schalotte schälen und fein hacken. In einem kleinen Topf in der warmen Butter goldgelb dünsten. Mit dem aufgelösten Bratensatz und dem Fond oder der Bouillon ablöschen. Die Lorbeerblätter dazugeben und alles zur Hälfte einkochen lassen. Dann die Sauce durch ein Sieb abgiessen, dabei die Rückstände gut auspressen. In den Topf zurückgeben.

7 Das Senfpulver mit dem Cognac verrühren und in die Sauce einrühren. Den Rahm dazugeben und die Sauce noch so lange kochen lassen, bis sie leicht bindet. Mit Salz, Pfeffer und einigen Tropfen Zitronensaft abschmecken.

8 Unmittelbar vor dem Servieren die Sauce nochmals aufkochen. Das Rindsfilet in etwa ½ cm dicke Scheiben aufschneiden. Auf vorgewärmten Tellern anrichten und mit Sauce umgiessen.

Dazu passt:

- Feine oder breite Nudeln
- Gebratene Spätzli
- Safranrisotto: 1 Schalotte und 1 Knoblauchzehe in 1 Esslöffel Butter sowie 2 Esslöffel Olivenöl glasig dünsten. 200 g Risottoreis (Carnaroli, Arborio, Vialone) kurz mitrösten. Mit 100 ml Weisswein ablöschen und unter Rühren einkochen lassen. Dann 1 Briefchen Safran sowie etwa ¼ l Hühnerbouillon beifügen und unter Rühren vom Reis aufnehmen lassen. Bis hierher kann der Risotto vorbereitet und auf die Seite gestellt werden. Kurz vor dem Servieren weitere ¼ l Bouillon dazugiessen und den Risotto noch so lange kochen lassen, bis er bissfest und in der Konsistenz noch recht «suppig» ist. Dann 40 g Butter und 40 g geriebenen Parmesan untermischen. Zugedeckt noch 2 Minuten stehen lassen, dann sofort servieren.

Zubereitung auch geeignet für:

- Schweinsnierstück: Rundum 8–10 Minuten anbraten, dann bei 80 Grad 2–2½ Stunden nachgaren lassen.
- Schweinsfilet: Je nach Grösse insgesamt 4–5 Minuten anbraten, dann bei 80 Grad 1½ Stunden nachgaren lassen.

Marinierter Rindshohrücken mit Sherryzwiebeln und Thymiansauce

Die besten und zartesten Stücke vom Rind stammen vom Hinterviertel und der hohen Rippe des Vorderviertels, dem Hohrücken. Er bildet die Fortsetzung vom Entrecôte zum Hals hin. Hohrücken ist etwas stärker marmoriert und auch etwas grobfaseriger als Entrecôte. Ganz wichtig ist, dass Hohrücken gut gelagert wurde (mindestens 4 Wochen) und dass das Stück lediglich marmoriert, nicht aber von dicken Fettadern durchzogen ist. Andernfalls handelt es sich bei dem Stück um Rindshals, ein Stück minderer Qualität, das auch entsprechend weniger kosten muss!

Für 5–6 Personen

Marinieren: mindestens 1 Stunde
Nachgaren inkl. Zubereiten von Zwiebeln und Sauce: 2–2½ Stunden

1 Teelöffel Curry
1 Teelöffel Rohrzucker
2 Esslöffel trockener Sherry
2 Esslöffel Öl
einige Spritzer Worcestershiresauce
1 Knoblauchzehe
ca. 1 kg gut gelagerter Rindshohrücken
Salz, schwarzer Pfeffer aus der Mühle
1 Esslöffel Bratbutter
50 ml trockener Sherry

Sherryzwiebeln:
400 g Saucenzwiebelchen
1 Esslöffel Butter
2 Esslöffel Weissweinessig
10 Thymianzweige
150 ml trockener Sherry
¼ l Weisswein

80 g Butter
Salz, Pfeffer
evtl. einige Spritzer Zitronensaft

1 Curry, Zucker, Sherry, Öl sowie Worcestershiresauce verrühren und den Knoblauch dazupressen. Das sauber dressierte Fleischstück rundum damit einstreichen. Zugedeckt mindestens 1 Stunde marinieren lassen.
2 Den Backofen auf 80 Grad vorheizen und eine Platte mitwärmen.
3 Das Fleisch mit Salz und Pfeffer würzen. In der nicht zu heissen Bratbutter – die Gewürze sollen nicht verbrennen! – rundum während insgesamt 8–10 Minuten anbraten. Auf die vorgewärmte Platte geben und im 80 Grad warmen Ofen 2–2½ Stunden gar ziehen lassen.
4 Den Bratensatz mit dem Sherry auflösen. Durch ein Sieb giessen und beiseite stellen.
5 Reichlich Wasser aufkochen. Die Saucenzwiebelchen hineingeben und 1 Minute blanchieren. In ein Sieb abschütten und kalt abschrecken. Den Wurzelansatz wegschneiden und die Zwiebelchen aus der Schale drücken.
6 In einem weiten Topf die Butter erhitzen. Die Zwiebelchen darin anbraten. Den Essig, die Hälfte der Thymianzweige, den beiseite gestellten Bratenjus, Sherry und Weisswein beifügen. Alles auf mittlerer Hitze auf ein Drittel der Flüssigkeit einkochen lassen (ca. 150 ml).
7 Vom restlichen Thymian die Blättchen von den Zweigen zupfen.
8 Vor dem Servieren die ganzen Thymianzweige aus der Sauce entfernen und die abgezupften frischen Thymianblättchen beifügen. Die Butter flockenweise zur leicht kochenden Sauce geben und einziehen lassen. Mit Salz, Pfeffer sowie nach Belieben mit wenig Zitronensaft abschmecken.
9 Den Hohrücken in dünne Scheiben aufschneiden und auf Tellern anrichten. Mit Sherryzwiebelchen und Sauce umgiessen.

Dazu passt:
- Feine oder breite Nudeln
- Pilz- oder Safranrisotto (Rezept Seite 115)
- Kleine Rösti aus rohen Kartoffeln gebraten
- Gebratene Maistaler (Rezept Seite 55)
- Gedünsteter Blattspinat
- Glasierte Karotten
- Gedünstete grüne Bohnen

Zubereitung auch geeignet für:
Gerollter Lammgigotbraten (Keule): Je nach Grösse rundum 8–10 Minuten anbraten, auch an den Enden. Dann im 80 Grad heissen Ofen 2½–3 Stunden nachgaren lassen.

Mariniertes Rindsfilet an Cognacsauce

Marinierter Rindshohrücken mit Sherryzwiebeln und Thymiansauce

Roastbeef mit Sauce Béarnaise

Dieses stolze Fleischstück gilt als der Klassiker der Fleischküche schlechthin. Damit es gelingt, braucht es vor allem auch die Unterstützung Ihres Metzgers: Das Fleisch muss nämlich optimal abgehangen beziehungsweise gelagert sein. Wenn immer möglich sollten Sie deshalb das Roastbeef vorbestellen, dann bekommen Sie bestimmt ein schönes Stück. Ebenfalls klassisch als Beilage zum Roastbeef ist eine Sauce Béarnaise. Aber selbstverständlich eignen sich auch eine ganze Reihe weiterer Saucen gut. Sie finden in diesem Buch dazu eine grosse Auswahl nach ihrem Geschmack.

Für 10–12 Personen

Vorbereiten: 15 Minuten
Nachgaren inkl. Zubereiten der Sauce: 3–4½ Stunden

2 kg Roastbeef (Entrecôte oder Huft)
Salz, schwarzer Pfeffer aus der Mühle
3 Esslöffel Bratbutter

Sauce Béarnaise:
1 Schalotte
8 Zweige Estragon
100 ml Weisswein
50 ml Weisswein- oder Estragonessig
8 zerdrückte schwarze Pfefferkörner
200 g Butter
4 Eigelb
Salz, Pfeffer

1 Den Backofengrill auf 230 Grad vorheizen. Einen Bräter miterhitzen.

2 Das Roastbeef rundum mit Salz und Pfeffer würzen. In den vorgewärmten Bräter legen. Die Bratbutter in einem Pfännchen erhitzen und über das Fleisch träufeln. Unter dem vorgeheizten Grill in der Mitte des Ofens bei 230 Grad 10 Minuten anbraten. Das Fleischstück nach der Hälfte der Anbratzeit wenden.

3 Den Grill ausschalten. Die Ofentemperatur auf 80 Grad Unter- und Oberhitze einstellen. Die Ofentür für etwa 8 Minuten öffnen, damit die Temperatur rasch absinken kann. Das Roastbeef bei 80 Grad 3 Stunden (blutig) bis 4½ Stunden (rosa) nachgaren lassen.

4 Inzwischen die Sauce zubereiten: Die Schalotte schälen und fein hacken. Die Estragonblätter grob hacken. Die Hälfte des Estragons beiseite legen. Die restlichen Blätter mit der Schalotte, dem Weisswein, dem Essig und den Pfefferkörnern in einen kleinen Topf geben und zur Hälfte einkochen lassen. Absieben.

5 Die Butter schmelzen und warm halten. Den Weissweinsud mit den Eigelben in einer Metallschüssel verrühren. Über einem heissen Wasserbad zu einer leicht cremigen Masse aufschlagen. Dann vom Wasserbad nehmen und die warme, flüssige Butter unter kräftigem Schlagen langsam im Fadenlauf nach und nach dazugiessen. Die Sauce mit Salz, Pfeffer und dem beiseite gelegten Estragon würzen. Nach Belieben nochmals über dem heissen Wasserbad kurz warmschlagen.

6 Zum Servieren das Fleisch in nicht zu dicke Scheiben schneiden und auf vorgewärmten Tellern anrichten. Die Sauce separat dazu servieren.

Tipp: Für eine kleinere Tischrunde das Roastbeef (bis 1 kg) in der Bratpfanne rundum 5 Minuten anbraten und bei 80 Grad 1¼ (blutig) bis 2 Stunden (rosa) nachgaren lassen.

Entrecôte an Estragonsauce

Dazu passt:

- Pommes frites
- In Schnitze geschnittene rohe Kartoffeln, in reichlich Olivenöl oder Bratbutter gebraten
- Kartoffelgratin
- Kartoffel-Stangensellerie-Salat (Rezept Seite 34)
- Gedünstete grüne Bohnen mit Zwiebeln, Knoblauch und Tomaten
- Gedünstete Krautstiele
- Gebratene Zucchetti

Estragon sollte als Gewürz mit Fingerspitzengefühl verwendet werden, da sein an Waldmeister und Anis erinnerndes Aroma leicht den Geschmack anderer Zutaten übertönt. Am intensivsten schmeckt er, wenn man seine Blättchen sehr fein hackt und kurz mitkocht, wie in diesem Rezept zusammen mit Madeira und Weisswein als Saucengrundlage. Anstelle von Madeira kann man auch roten Portwein verwenden.

Für 4–6 Personen

Anbraten: 2½–3 Minuten
Nachgaren inkl. Zubereiten der Sauce: 1–1½ Stunden

2 Entrecôtes doubles, je ca. 300–400 g
Salz, schwarzer Pfeffer aus der Mühle
1 Esslöffel Bratbutter
100 ml Madeira
150 ml Weisswein
2 Schalotten
4 Zweige Estragon
100 ml Kalbsfond oder leichte Hühnerbouillon
1 Esslöffel weiche Butter
1 gehäufter Teelöffel Mehl
4 Zweige Estragon
4 Zweige Petersilie
100 ml Rahm
1 Teelöffel grobkörniger Senf
1 Teelöffel Ketchup
1–2 Esslöffel Cognac

1 Den Backofen auf 80 Grad vorheizen und eine Platte mitwärmen.

2 Die Entrecôtes doubles mit Salz und Pfeffer würzen. In einer Bratpfanne in der heissen Bratbutter rundum – auch an den Seitenrändern – kräftig je nach Dicke insgesamt 2½–3 Minuten anbraten. Auf die vorgewärmte Platte geben und im 80 Grad heissen Ofen je nach gewünschter Garstufe 1 Stunde (blutig) bis 1½ Stunden (rosa) nachgaren lassen.

3 Den Bratensatz mit Madeira und Weisswein ablöschen. Durch ein Sieb in einen kleinen Topf umgiessen.

4 Die Schalotten schälen und grob hacken. Mit den Estragonzweigen und dem Fond oder der Bouillon zum Madeirajus geben. Auf grosser Hitze zur Hälfte einkochen lassen.

5 Inzwischen die weiche Butter und das Mehl mit einer Gabel verkneten. Die weiteren 4 Zweige Estragon und die Petersilie sehr fein hacken und unter die Mehlbutter mischen.

6 Den Rahm zur eingekochten Sauce geben. Die Mehlbutter flockenweise in die kochende Sauce rühren; sie soll leicht binden. Mit Ketchup, Cognac, Salz und Pfeffer abschmecken und noch 2–3 Minuten kochen lassen. Die Sauce bis zum Servieren beiseite stellen.

7 Vor dem Anrichten die Sauce nochmals aufkochen. Die Entrecôtes quer zur Faser in Scheiben aufschneiden, auf vorgewärmten Tellern anrichten und mit Sauce umgiessen.

Dazu passt:

- Feine oder breite Nudeln
- Wildreismischung als Trockenreis zubereitet
- Safranrisotto (Rezept Seite 115)
- Gebratene kleine Schalenkartoffeln
- Gedünstete Karotten und Kohlrabi gemischt
- Gedünstete grüne Bohnen

Zubereitung auch geeignet für:

- Pouletbrüstchen: Je nach Dicke insgesamt 3–4 Minuten anbraten und bei 80 Grad 45–60 Minuten nachgaren lassen.
- Kalbsfilet: Je nach Grösse rundum 5–6 Minuten anbraten und bei 80 Grad 1¾–2 Stunden nachgaren lassen.
- Schweinsfilet: Rundum je nach Grösse 4–5 Minuten anbraten und bei 80 Grad etwa 1½ Stunden nachgaren lassen.
- Kalbs- oder Schweinsnierstück: Rundum 8–10 Minuten anbraten und bei 80 Grad 2–2½ Stunden nachgaren lassen.

Roastbeef mit Sauce Béarnaise

Entrecôte an Estragonsauce

Lammrückenfilets mit Feigen an Cassissauce

Der Jus für diese raffinierte Cassissauce – sie ist nicht süss, sondern äusserst würzig! – kann sehr gut 4–5 Tage im Voraus zubereitet und in einem Glas gut verschlossen im Kühlschrank aufbewahrt werden. Sie eignet sich auch als Basis für andere gehaltvolle Fleischsaucen.

Für 4 Personen

Vorbereiten: 30 Minuten
Nachgaren inkl. Zubereiten der Sauce: 1–1¼ Stunden

Jus:
1 mittlere Karotte
1 Stück Knollensellerie in der Grösse der Karotte
½ kleine Stange Lauch
1 kleine Zwiebel
2 Lorbeerblätter
2 Gewürznelken
2 Esslöffel Olivenöl
2 Esslöffel Tomatenpüree
100 ml roter Portwein oder Madeira
¼ l Rotwein
200 ml Kalbsfond
1 Teelöffel schwarze Pfefferkörner
3 Wacholderbeeren

Fleisch:
3–4 Lammrückenfilets, je nach Grösse
Salz, schwarzer Pfeffer aus der Mühle
1 Esslöffel Bratbutter
50 ml roter Portwein oder Marsala
6 Feigen
1 Esslöffel Butter
3–4 Esslöffel Cassislikör
50 g Butter zum Verfeinern der Sauce
1 Prise Cayennepfeffer
evtl. einige Tropfen Zitronensaft

1 Karotte, Sellerie und Lauch rüsten und würfeln. Die Zwiebel schälen, halbieren und mit Lorbeerblättern und Nelken bestecken. Alle diese Zutaten in einem mittleren Topf im heissen Olivenöl kräftig anbraten. Das Tomatenpüree beifügen und 1 Minute mitdünsten. Mit dem Portwein oder Marsala ablöschen. Rotwein und Kalbsfond beifügen. Pfefferkörner und Wacholderbeeren grob zerdrücken und dazugeben. Alles auf grosser Hitze auf etwa 150 ml einkochen lassen.
2 Den Backofen auf 80 Grad vorheizen und eine Platte mitwärmen.
3 Die Lammrückenfilets mit Salz und Pfeffer würzen. In der heissen Bratbutter rundum je nach Dicke insgesamt 2–3 Minuten anbraten. Sofort auf die vorgewärmte Platte geben und im 80 Grad heissen Ofen 1–1¼ Stunden nachgaren lassen.
4 Den Bratensatz mit dem Portwein oder Marsala auflösen. Durch ein Sieb zum vorbereiteten Jus geben.
5 Die Feigen waschen, trockentupfen und vierteln.
6 Kurz vor dem Servieren die Feigen in 1 Esslöffel Butter mit dem Cassislikör 3–4 Minuten dünsten. Herausnehmen und warm stellen.
7 Den vorbereiteten Jus zum Cassisjus giessen und alles 2–3 Minuten kräftig kochen lassen. Dann die Butter in Flocken zur Sauce geben und einziehen lassen. Mit Salz, Pfeffer, Cayennepfeffer und Zitronensaft abschmecken.
8 Die Lammrückenfilets schräg in Scheiben schneiden. Auf vorgewärmten Tellern anrichten, mit etwas Sauce umgiessen und mit den Feigen garnieren.

Dazu passt:
- Trockenreis, mit in Butter leicht gebratenen Mandelblättchen gemischt
- Weisswein- oder Kürbisrisotto
- Bratkartoffeln
- Gebratene Spätzli
- Schupfnudeln

Zubereitung auch geeignet für:
- Pouletbrüstchen: Je nach Dicke insgesamt 3–4 Minuten anbraten und bei 80 Grad 45–60 Minuten nachgaren lassen.
- Schweinsfilet: Je nach Grösse insgesamt 4–5 Minuten anbraten und bei 80 Grad 1½ Stunden nachgaren lassen.
- Entenbrust: Zuerst auf der Fettseite 3 Minuten, dann je nach Dicke auf der Fleischseite 1½–2 Minuten anbraten und bei 80 Grad 1 Stunde nachgaren lassen.

Lammhuft mit Frühlingszwiebeln an Portweinsauce

Die Lammhuft stammt aus der Keule. Das Fleisch ist zart und mager und sein Geschmack spiegelt wie kein anderes Fleisch die Art der Weiden und das Klima, in dem das Tier aufgezogen wurde. Lammfleisch verlangt in jedem Fall nach intensiven Gewürzen, wie in diesem Rezept zum Beispiel reichlich frischem Thymian, Senf und Knoblauch.

Für 4 Personen

Vorbereiten: 20 Minuten
Nachgaren inkl. Zubereiten von Zwiebeln und Sauce: 1–1¼ Stunden

1 Esslöffel Senf
2 Esslöffel Olivenöl
schwarzer Pfeffer aus der Mühle
½ Bund Thymian
2 Knoblauchzehen
2 Stück Lammhuft, je ca. 200 g schwer
2 Bund Frühlingszwiebeln
4 Esslöffel Öl
Salz
150 ml roter Portwein oder Madeira
150 ml Weisswein
1 Teelöffel Fleischextrakt oder ½ Teelöffel Bouillonpaste
150 ml Rahm

1 Den Backofen auf 80 Grad vorheizen und eine Platte mitwärmen.
2 Senf, Olivenöl und Pfeffer verrühren. Die Thymianblättchen von den Zweigen streifen und beifügen. Den Knoblauch dazupressen. Die Marinade mit einem Pinsel rundum auf die Lammhüftchen streichen.

3 Von den Frühlingszwiebeln Wurzelansatz und dunkles, nicht schönes Grün entfernen. Die Zwiebeln der Länge nach halbieren.
4 In einer Bratpfanne die Hälfte des Öls erhitzen. Das Fleisch salzen und mitsamt Marinade auf mittlerer Hitze rundum je nach Dicke der Lammhüftchen 5–7 Minuten braten. Sofort auf die vorgewärmte Platte geben und im 80 Grad heissen Ofen 1–1¼ Stunden nachgaren lassen.
5 Das restliche Olivenöl zum Bratensatz geben. Die Zwiebelhälften darin 4–5 Minuten nicht zu heiss braten, dabei einmal wenden. Leicht salzen, dann neben dem Fleisch warm stellen.
6 Den Bratensatz mit dem Portwein oder Madeira sowie dem Weisswein auflösen. Den Fleischextrakt oder die Bouillonpaste beifügen und alles gut zur Hälfte einkochen lassen. Dann den Rahm beifügen und die Sauce noch so lange kochen lassen, bis sie leicht bindet. Wenn nötig nachwürzen.
7 Die Lammhuft in dünne Scheiben aufschneiden, auf vorgewärmten Tellern anrichten, mit Sauce umgiessen und mit den Frühlingszwiebeln garnieren.

Dazu passt:
- Feine Nudeln
- Weisswein- oder Safranrisotto (Rezept Seite 115)
- Gebratene kleine Schalenkartoffeln
- Gebratene Maistaler (Rezept Seite 55)

Zubereitung auch geeignet für:
- Lammrückenfilets: Rundum je nach Dicke 2–3 Minuten braten, dann bei 80 Grad 60–75 Minuten nachgaren lassen.
- Pouletbrüstchen: Je nach Dicke insgesamt 3–4 Minuten anbraten und bei 80 Grad 45–60 Minuten nachgaren lassen.
- Kalbsfilet: Je nach Grösse rundum 5–6 Minuten anbraten und bei 80 Grad 1¾–2 Stunden nachgaren lassen.
- Schweinsfilet: Je nach Grösse insgesamt 4–5 Minuten anbraten und bei 80 Grad 1½ Stunden nachgaren lassen.

Lammrückenfilets mit Feigen an Cassissauce

Lammhuft mit Frühlingszwiebeln an Portweinsauce

Lammracks mit Tomaten-Thymian-Kruste

Das Rückenfilet vom Lamm mit Knochen, aber ohne Kamm wird «Rack» genannt. Erkundigen Sie sich bei Ihrem Metzger, ob Sie es vorbestellen müssen. Ein Lammrack reicht in der Regel für 2 Personen. Guter Ersatz für Lammracks sind ausgelöste Lammrückenfilets, die überall problemlos erhältlich sind. Unbedingt beachten, dass diese eine kürzere Garzeit haben, da ihnen der Knochenteil fehlt.

Für 4 Personen

Vorbereiten: 5 Minuten
Nachgaren inkl. Zubereitung der Kruste: 1 Stunde
Überbacken: 10 Minuten

2 Lammracks
Salz, schwarzer Pfeffer aus der Mühle
1 Esslöffel Bratbutter
80 g weiche Butter
1 Knoblauchzehe
40 g Tomatenpüree
10 Zweige Thymian
50 g Paniermehl

1 Den Backofen auf 70 Grad vorheizen und eine Platte mitwärmen.

2 Die Lammracks mit Salz und Pfeffer würzen. In der heissen Bratbutter von beiden Seiten insgesamt nur gerade 2½–3 Minuten anbraten; das Fleisch muss ausser einem kleinen Rand innen noch roh sein, ebenso die Knochen. In die vorgewärmte Form geben und bei 70 Grad 1 Stunde nachgaren lassen.

3 Inzwischen die Butter kräftig rühren, bis sie Spitzchen bildet. Die Knoblauchzehe dazupressen, mit etwas Salz und Pfeffer würzen, dann nacheinander das Tomatenpüree, die abgezupften Thymianblättchen und das Paniermehl gut untermischen.

4 Nach 1 Stunde Garzeit den Backofengrill auf 230 Grad stellen; die Ofentür dabei unbedingt geöffnet lassen, damit die Grillschlange sich schnell aufheizt! Die Lammracks herausnehmen, mit der Tomatenbutter bestreichen und diese gut andrücken. Das Fleisch sofort wieder im oberen Drittel des Ofens einschieben und während 10 Minuten überbacken. Dann sofort in Scheiben schneiden und anrichten.

Dazu passt:

- Safranrisotto (Rezept Seite 115)
- Bratkartoffeln
- Kartoffelgratin (vor dem Fleisch zubereiten, dann bei 70 Grad neben dem Fleisch warm stellen und zuletzt kurz überbacken; siehe auch Rezept Seite 37)
- In Olivenöl mit Zwiebeln, Knoblauch und Peperoncino gebratene Zucchetti
- Mit Tomaten, Zwiebeln und Knoblauch gebratene Auberginenwürfel
- Gedünstete grüne Bohnen, nach Belieben mit Tomatenwürfeln
- Ratatouille

Zubereitungsart auch geeignet für:

- Lammrückenfilets: Je nach Dicke nur gerade 1½–2 Minuten anbraten, dann im 70 Grad heissen Ofen 1 Stunde nachgaren und unter dem Grill etwa 8 Minuten überbacken.
- Pouletbrüstchen: Je nach Dicke 3–4 Minuten anbraten, dann im 80 Grad heissen Ofen 1 Stunde nachgaren. Anschliessend nach Rezept 8–10 Minuten überbacken.

Lammracks mit Tomaten-Thymian-Kruste

Hirschentrecôte an Pflaumen-Armagnac-Sauce

Das leicht süssliche, Aroma von Dörrpflaumen passt ausgezeichnet zu vielen Wildgerichten. Eine weitere spezielle Zutat in diesem Gericht ist Sternanis, die rötlichbraune, sternförmige Frucht eines immergrünen Magnolienbaums. Sternanis wird unreif geerntet, an der Sonne getrocknet und hat dann ein ausgeprägtes, scharfes Anisaroma. Sternanis gibt es gemahlen oder als ganze Sterne zu kaufen; Letztere sind luftdicht verschlossen sehr lange haltbar, im Gegensatz zum Pulver, dessen Aroma schnell verfliegt. Sternanis, bei uns bekannt als Lebkuchengewürz, ist auch ein ausgezeichnetes Fleischgewürz und passt besonders gut zu Wild, Schweinefleisch, Ente und Poulet.

Für 4 Personen

Marinieren der Pflaumen: mindestens 30 Minuten
Vorbereiten: 15 Minuten
Nachgaren inkl. Zubereiten der Sauce: 1–1¼ Stunden

8 getrocknete Pflaumen ohne Stein
50 ml Armagnac oder Cognac
1 Schalotte
ca. 600 g Hirschentrecôte am Stück
Salz, schwarzer Pfeffer aus der Mühle
2 Esslöffel Bratbutter
200 ml Wildfond
1 Sternanis
150 ml Rahm
1 Prise Zimtpulver
1 Prise Ingwerpulver
einige Tropfen Zitronensaft

1 Die Pflaumen je nach Grösse halbieren oder vierteln. Mit dem Armagnac oder Cognac beträufeln und etwa 30 Minuten marinieren lassen.

2 Den Backofen auf 80 Grad vorheizen und eine Platte mitwärmen.

3 Die Schalotte schälen und fein hacken.

4 Das Fleisch mit Salz und Pfeffer würzen. In einer Bratpfanne in der heissen Bratbutter je nach Dicke rundum 8–10 Minuten anbraten. Sofort auf die vorgewärmte Platte geben und im 80 Grad heissen Ofen 1–1¼ Stunden nachgaren lassen.

5 Im Bratensatz die Schalotte andünsten. Den Wildfond dazugiessen. Die Pflaumen mitsamt Flüssigkeit sowie den Sternanis beifügen. Alles auf grosser Hitze zur Hälfte einkochen lassen. Dann den Rahm beifügen und alles noch so lange kochen lassen, bis die Sauce leicht bindet. Mit Salz, Pfeffer, Zimt, Ingwer und Zitronensaft abschmecken. Nach Belieben mit einem Schuss Armagnac oder Cognac parfümieren. Den Sternanis entfernen.

6 Vor dem Servieren die Sauce nochmals aufkochen. Das Hirschentrecôte in etwa ½ cm dicke Scheiben aufschneiden. Auf vorgewärmten Tellern anrichten und mit der Sauce umgiessen.

Dazu passt:

- Feine Nudeln
- Gebratene Spätzli
- Schupfnudeln
- Trockenreis
- Rotkraut
- Rosenkohl
- In Butter gebratene Schwarzwurzeln

Zubereitung auch geeignet für:

- Pouletbrüstchen: Je nach Dicke insgesamt 3–4 Minuten anbraten und bei 80 Grad 45–60 Minuten nachgaren lassen.
- Schweinsfilet: je nach Dicke rundum 4–5 Minuten anbraten und bei 80 Grad 1½ Stunden nachgaren lassen.

Rehrückenfilet in Baumnusskruste

Das Rehrückenfilet ist eine der gefragtesten Wildspezialitäten überhaupt und dementsprechend teuer. Wenn Sie die Gelegenheit haben, frisches Wild aus einheimischer Jagd zu kaufen, sollten Sie jedoch unbedingt davon profitieren, denn der Unterschied zu manchem importiertem und vor allem tiefgekühltem Fleisch ist gewaltig.

Für 4 Personen

Vorbereiten: 45 Minuten
Braten und Nachgaren inkl. Zubereiten der Sauce: 20 Minuten

Sauce:
1 kleine Zwiebel
1 kleine Karotte
¼ kleine Sellerieknolle
1 Esslöffel Butter
1 Teelöffel Tomatenpüree
100 ml roter Portwein oder Madeira
¼ l Rotwein
4 schwarze Pfefferkörner
3 Wacholderbeeren
3–4 Thymianzweige
1 Lorbeerblatt

Fleisch:
75 g weiche Butter
1 Eigelb
50 g Baumnusskerne
1 Wacholderbeere
2–3 Zweige Thymian
25 g Paniermehl
Salz, schwarzer Pfeffer aus der Mühle
ca. 600 g Rehrückenfilet

Zum Fertigstellen:
2 Esslöffel Preiselbeerkompott oder 1 Esslöffel Preiselbeerkonfitüre
60 g Butter
einige Tropfen Zitronensaft

1 Für die Sauce Zwiebel, Karotte und Sellerie rüsten und in kleine Würfel schneiden. In einem mittleren Topf in der heissen Butter andünsten. Tomatenpüree, Portwein oder Madeira sowie Rotwein beifügen. Pfefferkörner und Wacholderbeeren grob zerdrücken und mit den Thymianzweigen und dem Lorbeerblatt in die Sauce geben. Bei starker Hitze auf etwa ein Drittel einkochen lassen. Die Sauce absieben, dabei die Rückstände sehr gut auspressen. In den Topf zurückgeben und beiseite stellen.
2 Für das Fleisch die Butter gut durchrühren, bis sich Spitzchen bilden. Das Eigelb beifügen und die Masse so lange weiterschlagen, bis sie hell und luftig ist.
3 Die Baumnusskerne in einer trockenen Pfanne ohne Fettzugabe leicht rösten. Abkühlen lassen, dann fein hacken. Die Wacholderbeere sehr fein zerdrücken. Die Thymianblättchen von den Zweigen zupfen. Alle diese Zutaten sowie das Paniermehl zur Buttermasse geben, mit Salz und Pfeffer würzen und gut mischen.
4 Das Rehrückenfilet mit Salz und Pfeffer rundum würzen. In eine Gratinform legen. Die Baumnussbutter dick auf der Oberseite des Fleisches ausstreichen. Bis zur Zubereitung kühl, aber nicht zu kalt stellen.
5 Den Backofen auf 220 Grad vorheizen.
6 Das Rehrückenfilet in der Mitte des vorgeheizten Ofens 10 Minuten braten. Den Ofen ausschalten und die Tür öffnen. Das Filet 10 Minuten ruhen lassen, damit sich der Fleischsaft verteilen kann.
7 Inzwischen die Sauce nochmals aufkochen. Preiselbeerkompott oder -konfitüre darunter rühren. Die Butter in Flocken beifügen und in die leicht kochende Sauce einziehen lassen. Mit Zitronensaft, Salz und Pfeffer abschmecken.
8 Zum Anrichten das Rehrückenfilet in Scheiben aufschneiden, auf vorgewärmten Tellern anrichten und mit Sauce umgiessen.

Dazu passt:
- Gebratene Spätzli
- Gebratene Maistaler (Rezept Seite 55)
- Glasierte Kastanien
- Selleriepüree
- Rotkraut
- Rosenkohl

Zubereitung auch geeignet für:
Hirschentrecôte: Im Ofen je nach Dicke 12–15 Minuten braten und bei geöffneter Tür 10 Minuten ruhen lassen.

Hirschentrecôte an Pflaumen-Armagnac-Sauce

Rehrückenfilet in Baumnusskruste

Im Ofen gebraten

Kalbsschulter mit Peperonata

Nicht nur frisch aus dem Ofen, sondern auch kalt schmeckt dieser unkomplizierte Braten mit dem farbenfrohen, aromatischen Peperonigemüse ausgezeichnet.

Für 5–6 Personen

Vorbereiten: 15 Minuten
Braten: insgesamt etwa 1¾ Stunden

1 Teelöffel Senf
½ Teelöffel Salz
etwa 10 Umdrehungen schwarzer Pfeffer
1 gestrichener Teelöffel Paprika
abgeriebene Schale von ½ Zitrone
2 Knoblauchzehen
2 Esslöffel Öl für die Marinade
1,3–1,5 kg Kalbsbraten aus der Schulter
je 3 rote und gelbe Peperoni (Paprika)
4 Schalotten
6–8 Esslöffel Olivenöl

1 Den Backofen auf 200 Grad vorheizen.
2 Senf, Salz, Pfeffer, Paprika und Zitronenschale mischen. Den Knoblauch dazupressen und alles mit dem Öl zu einer Paste verrühren. Das Fleisch damit rundum bestreichen.
3 Die Peperoni vierteln und entkernen. Auf den Boden einer grossen feuerfesten Form oder in ein tiefes Ofenblech verteilen. Die Schalotten schälen, halbieren und beifügen. Alles grosszügig mit dem Olivenöl beträufeln. Den marinierten Braten darauf legen.
4 Den Kalbsschulterbraten im 200 Grad heissen Ofen auf der zweituntersten Rille während etwa 20 Minuten anbraten, dabei einmal wenden. Dann die Ofentemperatur auf 160 Grad zurückstellen und den Braten mit einem Deckel oder mit Alufolie zudecken. Alles im 160 Grad heissen Ofen weitere 1½ Stunden braten.
5 Vor dem Servieren die Kalbsschulter in Folie gewickelt 5 Minuten ruhen lassen. Dann in feine Scheiben schneiden und mit den Peperoni anrichten.

Dazu passt:
- In Schnitze geschnittene Kartoffeln, in Olivenöl mit etwas frischem Rosmarin gebraten
- Weisswein- oder Safranrisotto (Rezept Seite 115)

Zubereitung auch geeignet für:
Schweinsbraten: 30 Minuten anbraten, dann nach Rezept fertig braten.

Florentiner Kalbsbraten

Italiens Küche ist nicht nur berühmt für ihre unvergleichlichen Aromen, sondern begeistert immer wieder auch durch die raffinierte Schlichtheit ihrer Gerichte. Dazu zählt dieses Kalbsnierstück, das mit Rosmarin und Knoblauch gespickt und dann zusammen mit Kartoffeln im Ofen gebacken wird. So einfach – und so gut!

Für 6 Personen

Vorbereiten: 15 Minuten
Braten: 1 Stunde

4 grosse Zweige Rosmarin
4 grosse Knoblauchzehen
1 Esslöffel Olivenöl
Salz, schwarzer Pfeffer aus der Mühle
ca. 1,2 kg Kalbsnierstück
2 Esslöffel Olivenöl
12 mittlere Kartoffeln

Zum Fertigstellen:
200 ml Wasser
nach Belieben 1 Teelöffel Fleischextrakt
60 g Butter

1 Den Gitterrost aus dem Backofen nehmen. Den Ofen auf 220 Grad vorheizen.
2 Die Rosmarinnadeln abstreifen und fein hacken. Den Knoblauch schälen und ebenfalls fein hacken. Beides mit 1 Esslöffel Olivenöl mischen, leicht salzen und pfeffern.
3 Im Fleisch mit einem spitzen Messer rundum kleine, tiefe Einschnitte anbringen und mit je etwas Rosmarin-Knoblauch-Mischung füllen. Den Rest der Mischung mit den 2 Esslöffeln Olivenöl verrühren. Das Bratenstück damit einstreichen, mit Salz und Pfeffer würzen und auf den Gitterrost legen.
4 Die Kartoffeln schälen und der Länge nach vierteln. Auf ein leicht eingeöltes Blech legen.
5 Die Backofentemperatur auf 180 Grad reduzieren. Den Gitterrost mit dem Fleisch in der Mitte, das Blech mit den Kartoffeln auf der Rille darunter einschieben. Den Kalbsbraten und die Kartoffeln bei 180 Grad 1 Stunde braten. Von Zeit zu Zeit mit etwas ausgetretenem Fett und Fleischsaft bestreichen.
6 Vor dem Servieren den Braten in Alufolie wickeln und 5–10 Minuten ruhen lassen, damit sich der Fleischsaft verteilen kann. Die Kartoffeln ebenfalls warm stellen. Den ausgetretenen Bratenjus auf dem Blech mit dem Wasser lösen, in ein Pfännchen giessen, den Fleischextrakt beifügen und alles leicht einkochen lassen. Dann die Butter in Flocken zur Sauce geben und einziehen lassen.
7 Den Braten in dünne Scheiben schneiden, mit den Kartoffeln auf vorgewärmten Tellern anrichten und mit etwas Jus beträufeln.

Dazu passt:
- Glasierte Karotten (Rezept Seite 136)
- Grüne Bohnen, mit viel Zwiebeln und Knoblauch gedünstet
- Blattspinat, in Olivenöl mit Tomatenwürfeln und Zwiebeln gedünstet
- Mit Knoblauch, Peperoncino und Basilikum gebratene Zucchetti

Zubereitung auch geeignet für:
Schweinsnierstück: Gleiche Zubereitung wie der Kalbsbraten.

Kalbsschulter mit Peperonata

Florentiner Kalbsbraten

Gekräuterter Kalbsbraten

Von der Kalbsnuss gibt es zwei Stücke: die flache und die runde Nuss. Aus der flachen Nuss, die 300–400 g wiegt, werden vor allem Kalbsschnitzel geschnitten. Die runde Nuss, die fast doppelt so schwer ist, eignet sich ebenfalls dafür, kann aber sehr gut auch als Bratenstück zubereitet werden. Beide Stücke sind fettlos, also sehr mager, und bei guter Lagerung durch den Metzger äusserst zart. In diesem «schlanken» Rezept wird die Nuss im Bratfolienbeutel zusammen mit viel Kräutern im Ofen gegart.

Für 4–5 Personen

Vorbereiten: 10 Minuten
Garen: 45 Minuten

Ca. 700 g runde Kalbsnuss
Salz, schwarzer Pfeffer
2 Esslöffel Bratbutter
1 Bratfolienbeutel
150 ml Kalbsfond
100 ml Portwein
1 grosser Rosmarinzweig
2 Zweige Salbei
3 Bund glattblättrige Petersilie
2 Lorbeerblätter

1 Den Backofen auf 160 Grad vorheizen.
2 Die Kalbsnuss mit Salz und Pfeffer würzen. In der heissen Bratbutter rundum 6–8 Minuten anbraten. Das Fleisch in den Bratfolienbeutel legen.
3 Den Bratensatz mit dem Kalbsfond und dem Portwein ablöschen, aufkochen und zur Hälfte einkochen lassen.
4 Sämtliche Kräuterzweige einschliesslich Petersilie und den Lorbeerblättern um das Fleisch legen. Mit dem eingekochten Bratenjus beträufeln, die Folie verschliessen und den Braten auf ein Backblech geben.
5 Den Kalbsbraten im 160 Grad heissen Ofen auf der zweituntersten Rille etwa 45 Minuten garen.
6 Den Braten aus dem Folienbeutel nehmen und warm stellen. Den entstandenen Bratensaft absieben und in eine Pfanne giessen. Bei grosser Hitze auf etwa 150 ml einkochen lassen und nach Belieben mit einem Schuss Portwein abschmecken.
7 Zum Servieren den Braten in Scheiben aufschneiden und mit etwa Sauce begiessen.

Dazu passt:
- Weisswein- oder Safranrisotto (Rezept Seite 115)
- Bratkartoffeln
- Kartoffelküchlein
- Salzkartoffeln, mit gehackter Petersilie und geschmolzener Butter verfeinert
- Blumenkohl mit gehacktem Ei und in Butter geröstetem Paniermehl
- Grüne Bohnen, mit viel Zwiebeln und Knoblauch gedünstet
- Gedämpfte Fenchelviertel, vor dem Servieren kurz in Butter geröstet
- Glasierte Karotten: 800 g Karotten schälen und in fingerdicke Stengelchen schneiden. 1 Esslöffel Zucker in einem mittleren Topf leicht bräunen lassen. 25 g Butter beifügen und aufschäumen lassen, dann die Karotten beifügen und etwa 50 ml Mineralwasser mit Kohlensäure dazugiessen. Die Karotten mit Salz und Pfeffer würzen und zugedeckt weich dünsten. Am Schluss 1 Bund gehackte Petersilie untermischen.

Gekräuterter Kalbsbraten

Mit Gemüse gefüllte Kalbsbrust

Mit Gemüse gefüllte Kalbsbrust

Kalbsbrät hält die reichhaltige Gemüse-Käse-Masse zusammen, mit der die zu einer Tasche aufgeschnittene Kalbsbrust gefüllt wird. Die Kalbsbrust unbedingt beim Metzger vorbestellen, da sie nicht immer vorrätig ist beziehungsweise vom Fachmann oft bereits gefüllt angeboten wird. Diese Kalbsbrust schmeckt übrigens auch kalt aufgeschnitten sehr gut und ist zusammen mit Salat ein ideales Sommeressen.

Für 6 Personen

Vorbereiten: 30 Minuten
Braten: 1½–1¾ Stunden

Ca. 1,3 kg Kalbsbrust
150 g Kalbsbrät
50 ml Rahm
1 Esslöffel Paniermehl
250 g Karotten
150 g Sellerie
1 kleine Stange Lauch
75 g Raclettekäse oder Gruyère
1 Bund Schnittlauch
75 g Maiskörner (aus der Dose)
Salz, schwarzer Pfeffer
2–3 Esslöffel Olivenöl

1 Vom Metzger eine Tasche zum Füllen in die Kalbsbrust schneiden lassen.
2 Das Kalbsbrät mit dem Rahm und dem Paniermehl gut mischen.
3 Karotten und Sellerie schälen, klein würfeln und in wenig Salzwasser knapp weich kochen. Sofort kalt abschrecken und auf Küchenpapier trockentupfen.
4 Den Lauch rüsten, in 1 cm lange Stücke schneiden und in Salzwasser 1 Minute blanchieren. Dann sofort kalt abschrecken und auf Küchenpapier trockentupfen.
5 Den Backofen auf 180 Grad vorheizen.
6 Den Käse klein würfeln. Den Schnittlauch in Röllchen schneiden.
7 Alle vorbereiteten Gemüse, die Maiskörner, den Käse und den Schnittlauch zum Brät geben und gut mischen. Die Masse in die Kalbsbrust füllen und diese mit Küchenschnur zunähen.
8 Die Kalbsbrust mit Salz und Pfeffer würzen und mit dem Öl bestreichen. Auf dem Grillrost auf der zweituntersten Rille einschieben; ein Blech oder eine Saftpfanne zum Auffangen des Safts darunter einschieben. Die Kalbsbrust im 180 Grad heissen Ofen 1½–1¾ Stunden braten, dabei regelmässig mit dem entstandenen Bratenjus bestreichen.
9 Vor dem Servieren die Kalbsbrust in Folie wickeln und 10 Minuten ruhen lassen, damit sich der Saft im Fleisch verteilen kann.

Dazu passt:
- Kartoffelgratin, neben dem Fleisch gebacken (Rezept Seite 37)
- Kartoffelsalat
- Safranrisotto (Rezept Seite 115)

Gerollte Kalbsbrust römische Art

Die entbeinte Kalbsbrust eignet sich hervorragend zum Füllen und wird so zum aromatischen Braten. In diesem Rezept wird das Fleisch nur gerade mit Rohschinken und Rosmarin belegt, aufgerollt und im Ofen knusprig gebraten.

Für 6–8 Personen

Vorbereiten: 15 Minuten
Braten: 1½–1¾ Stunden

Ca. 1,2–1,5 kg Kalbsbrust, vom Metzger zum Rollen vorbereitet
schwarzer Pfeffer aus der Mühle
100 g dünn geschnittener Rohschinken
1 grosser Zweig Rosmarin
Salz
50 ml Olivenöl
50 g Butter
ca. 200 ml Weisswein

1 Den Backofen auf 180 Grad vorheizen.
2 Die Kalbsbrust ausbreiten, wenn nötig mit einem scharfen Messer dickere Fettstellen herausschneiden. Das Fleisch mit reichlich frisch gemahlenem Pfeffer aus der Mühle würzen. Den Rohschinken darauf auslegen und mit den abgestreiften Rosmarinnadeln bestreuen. Die Kalbsbrust satt aufrollen und mit Küchenschnur binden. Die Roulade mit Salz und Pfeffer würzen und in einen Bräter legen.
3 Das Olivenöl und die Butter in einem kleinen Topf kräftig erhitzen. Über die Kalbsbrust träufeln.
4 Die Kalbsbrust sofort auf der untersten Rille des 180 Grad heissen Ofens einschieben und 20 Minuten anbraten. Dann unter öfterem Begiessen mit etwas Weisswein – wichtig: nicht alle Flüssigkeit auf einmal dazugiessen! – und später mit dem entstandenen Bratenjus 1½–1¾ Stunden braten.
5 Die Kalbsbrust aus dem Ofen nehmen und vor dem Servieren zugedeckt 10 Minuten ruhen lassen, damit sich der Saft im Fleisch verteilen kann. Das Fleisch in dünne Scheiben aufschneiden und mit Bratenjus beträufeln.

Dazu passt:
- Gemüse- oder Safranrisotto (Rezept Seite 115)
- Kleine Rösti aus rohen Kartoffeln gebraten
- Gebratene Maistaler (Rezept Seite 55)
- Mit Zwiebeln gedünsteter Rosenkohl
- Grüne Bohnen, mit Zwiebeln und Knoblauch gedünstet
- Flageolettbohnen in Rahmsauce (Rezept Seite 158)
- Weisse Bohnen an Tomatensauce
- Glasierte Karotten (Rezept Seite 136)

Gerollte Kalbsbrust römische Art

Rosmarin-Schweinsfilet mit Ofenkartoffeln

Weil die Kartoffeln nicht geschält werden, kann man das Gericht gut vorbereiten, so dass man es nur noch in den Ofen zu schieben braucht, wenn die Gäste kommen. Rustikaler, aber nicht weniger gut schmeckt das Filet, wenn man zum Umwickeln magere Bratspeckscheiben anstelle von Rohschinken verwendet. Wichtig: In beiden Fällen das Filet zurückhaltend salzen, da sowohl Speck wie Rohschinken bereits Würze abgeben.

Für 4–5 Personen

Vorbereiten: 20 Minuten
Braten: 45 Minuten

1 grosses Schweinsfilet
30 g Butter
1 Knoblauchzehe
4 Zweige Rosmarin
Salz, schwarzer Pfeffer aus der Mühle
6 Scheiben milder Rohschinken
(z.B. San Daniele)
750 g kleine neue Kartoffeln
4–5 Esslöffel Olivenöl
200 ml Weisswein
150 ml Marsala
75 g schwarze Oliven
½ Bund glattblättrige Petersilie

1 Den Backofen auf 220 Grad vorheizen.
2 Vom Schweinsfilet wenn nötig Fettstellen und die glänzende Haut wegschneiden.
3 Die Butter schmelzen. Den Knoblauch schälen und zur Butter pressen. Von zwei Rosmarinzweigen die Nadeln abstreifen und hacken. Ebenfalls zur Butter geben. Diese Mischung mit einem Pinsel auf das Filet auftragen. Nur leicht salzen, dafür grosszügig pfeffern. Mit den Rohschinkenscheiben umhüllen und mit Küchenschnur binden.
4 Die Kartoffeln unter fliessendem Wasser bürsten.
5 2 Esslöffel Olivenöl auf den Boden eines Bräters geben. Das Schweinsfilet hineingeben und mit den Kartoffeln umlegen. Diese mit Salz und Pfeffer würzen und grosszügig mit dem restlichen Olivenöl beträufeln.
6 Das Schweinsfilet im 220 Grad heissen Ofen auf der zweituntersten Rille 15 Minuten braten.
7 Weisswein und Marsala mischen und nach 15 Minuten Bratzeit die Hälfte davon dazugiessen. Die Hitze auf 200 Grad reduzieren und alles weitere 15 Minuten offen braten lassen.
8 Inzwischen die Oliven in Streifen schneiden. Zusammen mit dem restlichen Weisswein und Marsala beifügen und alles nochmals 10–15 Minuten schmoren lassen.
9 Die Petersilie fein hacken und am Schluss über das Gericht streuen.

Dazu passt:
- Glasierte Karotten (Rezept Seite 136)
- Blumenkohl, mit gehacktem Ei und in Butter geröstetem Paniermehl abgeschmeckt
- Fein geschnittener Wirz (Wirsing), in Weisswein und Bouillon geschmort, die Flüssigkeit eingekocht und mit Rahm verfeinert

Marinierter Schweinshals

Schweinshals ist ein leicht mit Fett durchzogenes Fleischstück, das sich gerade aus diesem Grund sehr gut für saftige Braten eignet. Man kann diesen marinierten Schweinshals übrigens auch sehr gut auf dem Grill zubereiten. Wichtig dabei ist, ihn nicht zu nahe an der Glut, sondern langsam und unter häufigem Wenden zu braten. Für die Zubereitung auf dem Grill muss die Marinadenmenge verdoppelt und das Fleisch während des Grillierens damit regelmässig bestrichen werden; das Begiessen mit Weisswein und Bouillon hingegen entfällt.

Für 5–6 Personen

Vorbereiten: 10 Minuten
Braten: 1½ Stunden

1–1,2 kg Schweinshals
1 Bund Rosmarin
4 Knoblauchzehen
2 Esslöffel Zitronensaft
4 Esslöffel Olivenöl
1 Teelöffel Senf
Salz, Pfeffer aus der Mühle
100 ml Weisswein
ca. ¼ l Hühnerbouillon

1 Den Backofen auf 220 Grad vorheizen.
2 Die Rosmarinzweige rund um das Bratenstück legen und mit Küchenschnur binden. In einen Bräter legen.
3 Die Knoblauchzehen schälen und durch die Knoblauchpresse in eine kleine Schüssel drücken. Mit Zitronensaft, Olivenöl, Senf, Salz und Pfeffer mischen. Das Fleisch mit dieser Marinade bestreichen.
4 Den Schweinsbraten im 220 Grad heissen Ofen auf der zweituntersten Rille etwa 30 Minuten anbraten. Dann die Ofentemperatur auf 180 Grad zurückstellen und das Fleisch je nach Dicke während weiteren 60–70 Minuten fertig braten. Den Weisswein mit der Bouillon mischen und das Fleisch während des Bratens regelmässig damit begiessen.
5 Vor dem Servieren den Braten in doppelt gefaltete Alufolie wickeln und mindestens 10 Minuten ruhen lassen, damit sich der Saft im Fleisch wieder verteilen kann.
6 Den Bratenjus in einen kleinen Topf umgiessen, wenn nötig noch etwas Flüssigkeit ergänzen, aufkochen und nach Belieben mit etwas Butter verfeinern. Mit Salz und Pfeffer abschmecken und separat zum Fleisch servieren.

Dazu passt:

- Kartoffel- oder Gemüsegratin, der neben dem Fleisch gebacken wird
- Kleine Kartoffeln, mit Dörrtomaten, Olivenstreifen, Knoblauch und Petersilie gebraten (die Kartoffeln unbedingt vorkochen, bevor sie gebraten werden)
- Cremige Polenta, mit gedünsteten Tomaten und Kräutern verfeinert
- Kürbis-, Pilz- oder Safranrisotto (Rezept Seite 115)

Rosmarin-Schweinsfilet mit Ofenkartoffeln

Marinierter Schweinshals

Glasierte Spareribs

«Spareribs» ist die amerikanische Bezeichnung für die Rippchen vom Schwein. In der Regel werden sie in einer kräftigen Sauce mariniert und sind im Ofen oder auf dem Grill gebraten vor allem im Sommer eine beliebte «Knabberei». Sie sollten immer aus dem langen Brustspitz und nicht etwa vom Kotelett geschnitten werden, denn da fehlt ihnen der typisch «knackige» Biss. Da der Knochenanteil sehr gross ist, rechnet man für eine Hauptmahlzeit pro Person etwa 300 Gramm.

Für 4 Personen

Vorbereiten: 20 Minuten
Marinieren: 1 Stunde
Grillieren: 25–35 Minuten

1 Stück frische Ingwerwurzel
3 Knoblauchzehen
75 ml dunkle Sojasauce
75 ml Weissweinessig
5–6 Esslöffel Tomatenketchup
2 Esslöffel Zucker
½ Teelöffel Salz
ca. 1,2 kg Spareribs, in Stücke geteilt

Sauce:
2 Knoblauchzehen
1 kleines Stück frische Ingwerwurzel
1 kleine Frühlingszwiebel
2 Esslöffel Öl
3 Esslöffel Zucker
4 Esslöffel Tomatenpüree
50 ml Essig
50 ml Sojasauce
50 ml Sherry
100 ml Orangensaft
100 ml Wasser
2 Esslöffel Maisstärke (Maizena)
½ Bund Koriander oder Petersilie

1 Für die Marinade den Ingwer und den Knoblauch schälen. Beides sehr fein hacken. Mit Sojasauce, Weissweinessig, Ketchup, Zucker und Salz zu einer Marinade verrühren.
2 Die Spareribs in die Marinade geben und mindestens 1 Stunde, besser aber länger ziehen lassen.
3 In der Zwischenzeit für die Sauce Knoblauch und Ingwer schälen. Zusammen mit der Frühlingszwiebel sehr fein hacken. Im heissen Öl andünsten.
4 Die restlichen Saucenzutaten bis auf Koriander oder Petersilie zusammen verrühren, dann beifügen. Die Sauce bei kleiner Hitze unter Rühren kochen lassen, bis sie bindet. Auskühlen lassen. Dann Koriander oder Petersilie fein schneiden und beifügen.
5 Den Backofengrill auf 220 Grad vorheizen.
6 Die Spareribs gut abtropfen lassen und auf den Gitterrost legen. In der Mitte des Ofens einschieben und ein zweites, mit Backpapier belegtes Blech darunter geben. Unter dem 220 Grad heissen Backofengrill je nach Grösse 25–30 Minuten braten; dabei gelegentlich wenden und mit Marinade bestreichen.
7 Die Spareribs auf einer vorgewärmten Platte anrichten. Die vorbereitete Sauce separat dazu servieren.

Dazu passt:
- Gebratene kleine Schalenkartoffeln mit Sauerrahmsauce
- Tomatensalat mit Zwiebeln
- Tortilla-Chips mit Joghurtdip

Gewürz-Rippli aus dem Ofen

Diese gepökelte und mild geräucherte Schinkenspezialität – in Deutschland als Kasseler bekannt – stammt aus dem Nier- oder Kotelettstück des Schweins. Sie ist im Alubeutel (als praktischer Vorrat) und im Offenverkauf gekocht oder ungekocht erhältlich. Wird wie für dieses Rezept ungekochtes Rippli verwendet, sollte man sich beim Metzger unbedingt nach dem Salzgehalt erkundigen. Wenn nötig muss man das Rippli vor dem Braten 2–3 Stunden wässern, damit es nicht zu salzig schmeckt.

Für 4–6 Personen

Vorbereiten: 10 Minuten
Backen: 50–60 Minuten

50 g in Öl eingelegte Dörrtomaten
2 Knoblauchzehen
1 Bund Zitronenthymian oder Thymian
1 Esslöffel Senf
100 ml Olivenöl oder Öl von den Tomaten
800–1,2 kg geräuchertes ungekochtes Rippli (Kasseler)
100 ml Noilly Prat (trockener Wermut)
ca. 1/4 l Weisswein
150–200 ml Doppelrahm
Salz, Pfeffer

1 Den Backofen auf 180 Grad vorheizen.
2 Die Dörrtomaten fein hacken. Den Knoblauch schälen und dazupressen. Die Thymianblättchen von den Zweigen zupfen, mit dem Senf sowie dem Öl zu den Tomaten geben und mischen.
3 Das Rippli in einen Bräter legen und dick mit der Dörrtomatenpaste bestreichen. Mit dem Noilly Prat und dem Weisswein umgiessen. Im 180 Grad heissen Ofen auf der zweituntersten Rille je nach Grösse 50–60 Minuten braten. Dabei hin und wieder mit einigen Löffeln Bratenjus begiessen.
4 Das Rippli in Alufolie wickeln und 5–10 Minuten ruhen lassen, damit sich der Fleischsaft verteilen kann.
5 Den Bratenjus in einen kleinen Topf umgiessen, den Doppelrahm beifügen und die Sauce leicht einkochen lassen. Wenn nötig mit Salz und Pfeffer abschmecken.

Dazu passt:
- Trockenreis
- Gebratene kleine Schalenkartoffeln
- Glasierte Karotten (Rezept Seite 136)
- Gebratene Zucchetti
- Gebratene Mangoschnitze
- Peperonata

Glasierte Spareribs

Gewürz-Rippli
aus dem Ofen

Peperonihuhn im Folienbeutel

Im Sommer findet man weisse bis hellgelbe Peperoni auf dem Markt, die wegen ihrer länglichen Form auch «banana peppers» (Bananen-Peperoni) genannt werden. Sie sind sehr mild im Geschmack und passen ausgezeichnet zu diesem unkomplizierten Huhn, am besten mit roten Peperoni gemischt.

Für 4 Personen

Vorbereiten: 10 Minuten
Backen: 60 Minuten

Je 2 rote und grüne Peperoni (Paprika)
6 Knoblauchzehen
1 Poulet, ca. 1,2–1,4 kg schwer
Salz, Pfeffer, Paprika
1 Bratfolienbeutel

1 Den Backofen auf 200 Grad vorheizen.
2 Die Peperoni halbieren, entkernen und in kleine Würfelchen schneiden. Den Knoblauch schälen und in feine Scheibchen schneiden. Beides mischen.
3 Das Poulet innen und aussen spülen und mit Küchenpapier trockentupfen. Pikant mit Salz, Pfeffer und Paprika würzen. Mit einem Teil der Peperoni-Knoblauch-Mischung füllen. Das Poulet in einen Bratfolienbeutel geben, die restliche Peperoni-Knoblauch-Mischung dazugeben und den Beutel an den Enden gut verschliessen. Mit einer Gabel einige Dampflöcher stechen. Den Folienbeutel auf ein Backblech legen.
4 Das Peperoni-Poulet im 200 Grad heissen Ofen auf der zweituntersten Rille etwa 60 Minuten braten.

Dazu passt:
- Trocken- oder Bouillonreis
- Gebratene kleinen Schalenkartoffeln
- Im Ofen mitgegarte, in Alufolie gewickelte grosse Kartoffeln (Baked Potatoes); dazu Sauerrahmsauce mit Schnittlauch

Peperonihuhn im Folienbeutel

Poulet Bourbon Style

Dieses ungewöhnliche, köstlich knusprige Poulet enthält eine Füllung aus Toastbrot, Zwiebeln, Knoblauch und Rosmarin und wird während des Backens mit einer würzigen Marinade aus Whisky, Rohrzucker, Honig und Senfpulver bestrichen. Es kann übrigens im Sommer sehr gut auch auf dem Grill zubereitet werden. Unbedingt darauf achten, dass es mit genügend Abstand von der Glut gebraten wird, sonst ist es aussen «schwarz», innen jedoch noch roh.

Für 4 Personen

Vorbereiten: 20 Minuten
Braten: 60 Minuten

2 mittlere Poulets, je ca. 800 g schwer
6 Scheiben Toastbrot
1 grosse Zwiebel
2 Knoblauchzehen
50 g Butter
Salz, Pfeffer aus der Mühle
2 Rosmarinzweige
8 Scheiben Bratspeck
150 ml Bourbon Whiskey
2 Esslöffel Rohrzucker
3–4 Esslöffel Honig
1 Teelöffel englisches Senfpulver (siehe Seite 102) oder pikanter Senf

1 Den Backofen auf 250 Grad vorheizen.
2 Die Poulets innen und aussen spülen und mit Küchenpapier trockentupfen.
3 Das Brot entrinden und in ½ cm kleine Würfelchen schneiden. Die Zwiebel und den Knoblauch schälen und fein hacken.
4 In einer Bratpfanne 1 Esslöffel der Butter schmelzen, Zwiebel und Knoblauch darin andünsten. Dann die Brotwürfelchen beifügen und bei mittlerer Hitze goldgelb rösten; dabei die restliche Butter stückweise dazugeben.
5 Die Poulets innen und aussen mit Salz und Pfeffer würzen. Jedes Huhn mit 1 Rosmarinzweig und der Hälfte der Brotmasse füllen. Die Schenkel mit Küchenschnur zusammenbinden. Die Poulets in einen Bräter geben. Die Pouletschenkel je mit 1 und die Pouletbrüstchen je mit 2 Speckscheiben belegen, damit sie nicht austrocknen.
6 Die Poulets im 250 Grad heissen Ofen auf der zweituntersten Rille 20 Minuten anbraten.
7 Inzwischen Whiskey, Rohrzucker, Honig und Senfpulver oder Senf zu einer Marinade verrühren.
8 Nach 20 Minuten Bratzeit die Ofentemperatur auf 180 Grad zurückstellen und die Poulets weitere 40–45 Minuten braten; dabei drei- bis viermal mit der Marinade bestreichen.
9 Die Poulets aus dem Ofen nehmen und die Speckscheiben entfernen. Kurz ruhen lassen, damit sich der Fleischsaft verteilen kann.
10 Zum Servieren die Poulets mit der Geflügelschere halbieren und mit der Füllung auf vorgewärmten Tellern anrichten.

Dazu passt:

- Bratkartoffeln
- Glasierte Kastanien
- Glasierte Karotten (Rezept Seite 136) oder eine Mischung von Kohlrabi und Karotten
- Rotkraut
- Gedünster Rosenkohl

Mistkratzerli mit Frühlingszwiebeln

Man nennt die kleinen Hühnchen auch Coquelets oder Stubenküken, und am besten schmecken sie – wie es ihre Bezeichnung auch ausdrückt –, wenn sie aus Freiland- oder organisch-biologischer Tierhaltung stammen. Coquelets wiegen 400 bis 600 Gramm und entsprechen jeweils gerade einer Portion. Sie besitzen eine feine Haut, die beim Braten schön knusprig wird, sowie zartes, delikates Fleisch. Selbstverständlich lässt sich dieses Rezept auch mit Poulet zubereiten; pro Person rechnet man in diesem Fall ein halbes Poulet. Und der Pastis, ein traditioneller französischer Anisschnaps, kann auch durch Pernod oder griechichen Ouzo ersetzt werden.

Für 4 Personen

Vorbereiten: 10 Minuten
Braten: 45 Minuten

4 Mistkratzerli (Stubenküken, Coquelets)
1 Teelöffel Kreuzkümmel
Salz, Pfeffer aus der Mühle
4 Rosmarinzweige
12 Thymianzweige
2–3 Esslöffel Bratbutter
12 Frühlingszwiebeln
100 ml Pastis (Anisschnaps)
ca. 100 ml Geflügelbouillon

1 Den Backofen auf 220 Grad vorheizen.
2 Die Hühnchen innen und aussen unter kaltem Wasser spülen. Mit Küchenpapier trockentupfen.
3 Den Kreuzkümmel im Mörser oder mit dem Teigroller fein zerstossen. Die Mistkratzerli damit einreiben und rundum mit Salz sowie Pfeffer würzen. Die Rosmarin- und Thymianzweige in die Bauchöffnung geben. Die Hühnchen in eine grosse feuerfeste Form legen.
4 Die Bratbutter erhitzen und über die Mistkratzerli träufeln. Dann sofort im 220 Grad heissen Ofen auf der zweituntersten Rille einschieben und 20 Minuten anbraten.
5 Inzwischen die Frühlingszwiebeln rüsten, dabei schönes Grün an den Zwiebeln lassen. Die weissen Knollen der Frühlingszwiebeln über Kreuz tief einschneiden, damit sie schneller garen.
6 Nach 20 Minuten Bratzeit die Ofentemperatur auf 180 Grad reduzieren. Die Zwiebeln in die Form geben und alles mit je der Hälfte des Pastis und der Bouillon übergiessen. Die Mistkratzerli weitere 25 Minuten braten, dabei noch 2- bis 3-mal mit Pastis und Bouillon begiessen.
7 Den Ofen ausschalten und die Mistkratzerli bei geöffneter Türe vor dem Servieren 5–10 Minuten ruhen lassen, damit sich der Saft im Fleisch verteilen kann.

Dazu passt:
- Mit Rosmarin gebratene kleine Schalenkartoffeln
- Weisswein-, Tomaten- oder Safranrisotto (Rezept Seite 115)
- Flageolettbohnen in Rahmsauce (Rezept Seite 158)
- Frische Baguette

Zubereitung auch geeignet für:

Poulets: Anbraten wie im Rezept beschrieben, jedoch anschliessend 40–45 Minuten bei 180 Grad unter öfterem Begiessen fertig braten.

Poulet Bourbon Style

Mistkratzerli mit Frühlingszwiebeln

Pouletschenkel auf Gemüse

Die Schenkel gehören zu den saftigsten Teilen des Poulets. Die oft sehr grossen Stücke lassen sich mit einem Messer zwischen den Gelenken des Ober- und Unterschenkels leicht entzweischneiden. Auch im Handel werden die Ober- und Unterschenkel oft separat angeboten. Werden sie zum Schmoren verwendet, kann man die Haut abziehen, dann wird das Gericht weniger fett.

Für 4 Personen

Vorbereiten: 20 Minuten
Backen: 50–60 Minuten

4 Karotten
2 kleine Fenchel
4 mittlere Zwiebeln
8 Knoblauchzehen
4 mittlere, feste Tomaten
1 Peperoncino
½ Bund Oregano
2 Zweige Rosmarin
600 g kleine Frühkartoffeln
Salz
8–10 Pouletober- oder -unterschenkel, nach Belieben auch gemischt, oder 4 grosse ganze Pouletschenkel
schwarzer Pfeffer aus der Mühle
100 ml Olivenöl
ca. 150 ml Weisswein

1 Den Backofen auf 200 Grad vorheizen.

2 Die Karotten schälen, der Länge nach vierteln und in Stengelchen schneiden. Den Fenchel rüsten und in Scheiben schneiden. Die Zwiebeln schälen und vierteln. Die Knoblauchzehen schälen, jedoch ganz lassen. Die Tomaten waschen und in dicke Schnitze schneiden. Den Peperoncino der Länge nach halbieren, entkernen und in feinste Streifchen schneiden. Die Oreganoblättchen von den Zweigen streifen. Die Rosmarinzweige in kleine Büschel teilen. Die Kartoffeln nur unter fliessendem Wasser bürsten, nicht schälen, dann je nach Grösse der Länge nach halbieren oder vierteln. Alles in eine grosse Schüssel geben, salzen, gründlich mischen und in einem weiten Bräter oder in der Saftpfanne des Ofens verteilen.

3 Die Pouletschenkel mit Salz und Pfeffer würzen und in das Gemüse legen. Alles grosszügig mit Olivenöl beträufeln.

4 Die Form oder das Blech auf der zweituntersten Rille im 200 Grad heissen Ofen braten. Pouletoberschenkel beziehungsweise -unterschenkel benötigen je nach Grösse 45–50 Minuten, ganze grössere Pouletschenkel 60 Minuten. Von Zeit zu Zeit mit dem Weisswein beträufeln, später auch mit dem entstandenen Bratenjus.

Da Gemüse und Kartoffeln mit dem Fleisch mitgegart werden, braucht das Gericht keine weiteren Beilagen.

Pouletflügel mit scharfer Sauce

Wichtiger Bestandteil der Würzsauce, die die knusprig-saftigen Pouletflügelchen begleitet, ist süsssaure Chilisauce, original «Sweet & Sour Chili Sauce» genannt. Die auch bei uns beliebte Sauce ist als Fertigprodukt in Asienläden und im Fernostsortiment grösserer Lebensmittelgeschäfte erhältlich. Neben Wasser sind Zucker, Tomatenpüree, Essig und für die Schärfe Chili die Hauptzutaten dieser pikanten Sauce. Je nach Geschmacksrichtung wird sie manchmal mit kleinen Gemüsewürfelchen oder mit schärferen Chilisorten angereichert, was auf der Flasche mit «hot» gekennzeichnet ist.

Für 4 Personen

Vorbereiten: 10 Minuten
Braten: 30 Minuten

1 kg Pouletflügel
3–4 Esslöffel Olivenöl
Salz, schwarzer Pfeffer aus der Mühle

Sauce:
1 Orange
3–4 Esslöffel süsssaure Chilisauce
1 mittlere Zwiebel
1 Bund Schnittlauch
ca. 15 g frischer Ingwer
2–3 Esslöffel Sojasauce

1 Den Backofen auf 230 Grad vorheizen.
2 Von den Pouletflügeln mit einer Küchenschere oder einem grossen scharfen Messer die Spitzen abschneiden, da sie kaum Fleisch enthalten und beim Braten im Ofen gerne verbrennen. Manchmal kann man die Pouletflügel auch bereits so vorbereitet kaufen.
3 Die Flügel sparsam rundum mit Olivenöl bestreichen und mit Salz sowie Pfeffer würzen. Auf ein Blech oder in eine grosse feuerfeste Form legen.
4 Die Pouletflügel im 230 Grad heissen Ofen auf der mittleren Rille etwa 25 Minuten braten. Dann auf 250 Grad Grillstufe schalten und das Fleisch weitere 5–8 Minuten knusprig fertig braten.
5 Für die Sauce den Saft der Orange auspressen. Mit der Chilisauce mischen. Die Zwiebel schälen und fein hacken. Den Schnittlauch in Röllchen schneiden. Den Ingwer schälen und ebenfalls fein hacken. Alle diese Zutaten zur Chilisauce geben und mit Sojasauce abschmecken.
6 Die Pouletflügel aus dem Ofen nehmen. Sofort in der Sauce wenden und auf einer Platte anrichten. Restliche Sauce separat dazu servieren.

Dazu passt:
- Basmati- oder Parfümreis
- Gebratene kleine Schalenkartoffeln
- Frische Baguette
- Gemischter Blattsalat
- Tomatensalat mit Zwiebeln
- Gurkensalat

Pouletschenkel auf Gemüse

Pouletflügel mit scharfer Sauce

Gebratene Ente mit Orangensenf

Ente und Orangen sind eine klassische Kombination. In diesem Rezept wird das Geflügel mit einer Marinade aus abgeriebener Orangenschale, Senf und Cognac eingestrichen, angebraten und anschliessend unter häufigem Begiessen mit einem Jus aus Orangensaft, Geflügelfond, Zucker und Thymian fertig gebraten. Das Idealgewicht einer Ente liegt bei 1,5 bis 2 Kilogramm. Besonders mageres Brustfleisch und weniger Fett als die normalen Hausenten besitzen die französischen Barbarie-Enten, die dafür um einiges teurer sind.

Für 4 Personen

Vorbereiten: 10 Minuten
Braten: 70 Minuten
Sauce fertig stellen: 10 Minuten

1 junge Ente (ca. 1,8 kg)
dünn abgeriebene Schale von 1 Orange
1 Esslöffel milder Senf
2 Esslöffel Cognac
Salz, schwarzer Pfeffer aus der Mühle
2 Karotten
3 Petersilienwurzeln oder 100 g Knollensellerie
2 Zwiebeln
½ Bund Thymian
200 ml frisch gepresster Orangensaft
200 ml Geflügelfond oder leichte Hühnerbouillon
¼ Teelöffel Zucker
1 gestrichener Teelöffel Maisstärke (Maizena)
2–3 Esslöffel Cognac
1 Teelöffel Senf

1 Den Backofen auf 220 Grad vorheizen und einen Bräter mit vorheizen.

2 Die Ente mit kaltem Wasser innen und aussen spülen und mit Küchenpapier trockentupfen. Abstehende Fettlappen wegschneiden.

3 Die Orangenschale mit dem Senf und dem Cognac mischen und mit Salz und Pfeffer würzen. Die Ente mit dieser Mischung innen und aussen bestreichen. Die Enden der Schenkel mit Küchenschnur zusammenbinden.

4 Die Ente mit der einen Brustseite nach unten in den vorgewärmten Bräter geben und im 220 Grad heissen Ofen 20 Minuten anbraten; dabei nach der Hälfte der Zeit auf die zweite Brustseite drehen.

5 Inzwischen die Karotten, die Petersilienwurzel oder den Sellerie sowie die Zwiebeln schälen und würfeln.

6 Die Ente nach 20 Minuten Anbraten auf den Rücken drehen und das vorbereitete Gemüse rundherum verteilen. Alles weitere 20 Minuten anbraten.

7 Inzwischen die Thymianblättchen von den Zweigen zupfen. Mit dem Orangensaft, dem Fond oder der Bouillon sowie dem Zucker in einem kleinen Topf aufkochen.

8 Die Ofentemperatur auf 180 Grad reduzieren. Die Ente während etwa 30 Minuten fertig braten; dabei 2- bis 3-mal mit dem Orangenfond begiessen. Die Ente ist gar, wenn der austretende Fleischsaft klar ist. Vor dem Tranchieren im geöffneten und ausgeschalteten Ofen 10 Minuten ruhen lassen.

9 Vom entstandenen Jus mit Hilfe eines tiefen Löffels das Fett gründlich abschöpfen. Den Fond in einen kleinen Topf absieben und bei grosser Hitze auf 200 ml einkochen lassen. Maisstärke, Cognac und Senf mischen und in die leicht kochende Sauce einrühren. Die Sauce noch 2–3 Minuten kochen lassen, dann mit Salz und Pfeffer abschmecken.

Gebratene Ente mit Orangensenf

10 Von der Ente die Küchenschnur entfernen und die Ente tranchieren: Dazu zuerst die Schenkel abschneiden, dann die Brüstchen ablösen, die Flügel wegschneiden und zum Schluss die kleinen Rückenfilets auslösen. Das Entenfleisch auf eine vorgewärmte Platte geben und mit wenig Sauce begiessen. Die restliche Sauce separat dazu servieren.

Dazu passt:

- Gebratene kleine Schalenkartoffeln
- Gebratene Spätzli
- Glasierte Kastanien mit Rotkraut
- Gedünsteter Rosenkohl
- In Streifen geschnittener gedünsteter Wirz (Wirsing)
- Gebratene Schwarzwurzeln

Gerollter Lammgigot mit Rohschinken und Kräutern

Auch ein grosser Braten muss nicht viel Küchenarbeit verursachen. Ein gutes Beispiel dafür ist dieser Lammbraten, der mit reichlich Thymian, Parmaschinken, gehackter Zwiebel und Knoblauch belegt, aufgerollt und im Ofen zusammen mit Kartoffeln in einem Portweinjus langsam gebraten wird.

Für 6–7 Personen

Vorbereiten: 15 Minuten
Backen: 2¼–2½ Stunden

1 entbeinter Lammgigot (Keule), ca. 1,5 kg schwer, zum Rollen vorbereitet
schwarzer Pfeffer aus der Mühle
2 Knoblauchzehen
2 mittlere Zwiebeln
1 Bund Thymian
150 g dünne Scheiben Parmaschinken
1 kg kleine Kartoffeln oder Frühkartoffeln
Salz
100 ml Olivenöl
150 ml roter Portwein

1 Das Fleisch von groben Fettstellen befreien. Auf der Arbeitsfläche auslegen und mit Pfeffer bestreuen.
2 Die Knoblauchzehen schälen und durch die Presse direkt auf das Fleisch drücken und verstreichen. Die Zwiebeln schälen und fein hacken. Auf dem Fleisch verteilen.
3 Die Thymianblättchen von den Stielen zupfen. Etwa ein Drittel des Thymians über das Fleisch streuen. Den Parmaschinken in Lagen darüber legen, dabei immer wieder etwas Thymian dazwischen streuen. Das Fleisch satt aufrollen. Mit Küchenschnur binden.

4 Den Backofen auf 225 Grad vorheizen.
5 Die Kartoffeln unter fliessendem Wasser bürsten. Je nach Grösse halbieren oder vierteln.
6 Den Lammbraten mit Salz und Pfeffer rundum würzen und in einen Bräter oder in eine grosse ofenfeste Form geben. Die Kartoffeln rundherum verteilen und salzen. Das Olivenöl erhitzen und Fleisch sowie Kartoffeln damit beträufeln. Sofort im 225 Grad heissen Ofen auf der zweituntersten Rille 30 Minuten braten, dabei in 2–3 Portionen den Portwein dazugiessen.
7 Nun die Ofenhitze auf 100 Grad reduzieren, dabei die Ofentüre kurz geöffnet halten, um die Hitze rasch absinken zu lassen. Das Fleisch und die Kartoffeln weitere 1¾–2 Stunden gar ziehen lassen. Dabei ab und zu mit Bratenjus übergiessen; diesen wenn nötig mit etwas Bouillon ergänzen.

Dazu passt:

- Flageolettbohnen in Rahmsauce: 1 Schalotte und 1 Knoblauchzehe fein hacken. Mit 150 ml Rahm aufkochen und bei lebhafter Hitze reduzieren, bis die Sauce leicht bindet. 2 Dosen Flageolettbohnen (Abtropfgewicht je 260 g) in ein Sieb abschütten, unter kaltem Wasser spülen und beifügen. Mit Salz und Pfeffer würzen und zugedeckt erhitzen. Am Schluss 1 Bund gehackte Petersilie untermischen.
- Weisse Bohnen, auf die gleiche Weise wie die Flageolettbohnen zubereitet oder weich gekocht und mit Tomaten gemischt
- Braune oder grüne Linsen

Orientalischer Lammrollbraten mit eingelegten Zitronen

Lamm mit würziger orientalischer Note: Marinierte Zitronenschnitze, eine Spezialität aus der marokkanischen Küche, sowie Kreuzkümmel verleihen dem Rollbraten ein raffiniertes Aroma. Kreuzkümmel ist nicht zu verwechseln mit unserem herkömmlichen Kümmel. Zwar sehen sich die beiden äusserlich ähnlich, im Geschmack sind sie aber völlig verschieden. Kreuzkümmel hat einen leicht pfeffrigen Geschmack, der in die Nase sticht und lange nachwirkt. Er wird in der asiatischen, indischen, mexikanischen und orientalischen Küche so häufig verwendet wie bei uns Pfeffer und ist auch einer der wichtigsten Bestandteile von Curry. Kreuzkümmel kann in diesem Gericht durch gemahlenen Koriander und eine Prise Curry ersetzt werden.

Für 6 Personen

Marinieren der Zitronen: mindestens 4 Stunden
Vorbereiten: 20 Minuten
Braten: 1¾ Stunden

2 Zitronen
1 Esslöffel grobkörniges Meersalz
2–3 Knoblauchzehen
1,5 kg Lammrollbraten
2–3 Esslöffel Olivenöl
1 Teelöffel gemahlener Kreuzkümmel
1 grosser Knollensellerie
100 ml Weisswein
Saft von 1 Zitrone

1 Die Zitronen mitsamt der bitteren weissen Haut schälen und die Schnitze aus den Trennhäuten schneiden. Mit dem Meersalz bestreuen und mindestens 4 Stunden, besser aber über Nacht ziehen lassen.

Gerollter Lammgigot mit Rohschinken und Kräutern

Orientalischer Lammrollbraten mit eingelegten Zitronen

2 Den Backofen auf 225 Grad vorheizen.
3 Den Knoblauch schälen und in feine Stifte schneiden. Mit einem spitzen Küchenmesser im Braten rundum kleine Einschnitte anbringen und je etwas Knoblauch hineindrücken.
4 Die Zitronenschnitze aus dem entstandenen Saft heben und in kleine Stücke schneiden. Den Saft weggiessen. Die Zitronenstücke mit dem Olivenöl und dem Kreuzkümmel mischen. Den Braten rundum mit der Zitronenmarinade bestreichen. In einen Bräter legen.
5 Den Sellerie schälen und in grosse Würfel schneiden. Um das Fleisch herum verteilen.
6 Den Lammrollbraten in der Mitte des 225 Grad heissen Ofens 20–25 Minuten anbraten. Dann die Ofentemperatur auf 180 Grad reduzieren und den Braten während etwa 1¼ Stunden fertig braten. Dabei den Weisswein mit dem Zitronensaft mischen und den Braten von Zeit zu Zeit damit begiessen.
7 Vor dem Servieren das Fleisch noch 10 Minuten im ausgeschalteten und leicht geöffneten Ofen ruhen lassen, damit sich der Saft im Fleisch verteilen kann. Dann herausnehmen und in etwa ½ cm dicke Scheiben schneiden.

Dazu passt:

- Bulgur (Rezept Seite 44) mit in Olivenöl gebratenem Gemüse (Zucchetti, Auberginen, Peperoni, Tomaten)
- Bratkartoffeln
- Gebratene Maistaler (Rezept Seite 55)
- Gedünsteter Blattspinat
- Weisse Bohnen mit Tomaten

Sanft geschmort

Poulet in Tomatenrahm

Tomaten gehören zu den wenigen Gemüsen, denen das Konservieren gut bekommt. Italienische Dosentomaten, auch Pelati genannt, werden optimal sonnengereift geerntet und geben nicht nur im Winter Suppen, Saucen und Schmorgerichten ihren vollmundigen Geschmack. Pelati-Tomaten gibt es in verschiedenen Dosengrössen, als ganze Früchte, gestückelt, püriert oder passiert. Dieses Schmorgericht mit Huhn wird mit ganzen Tomaten zubereitet, allerdings ohne Saft, den man am besten gleich in der Küche als Aperitif geniesst! Anstelle eines ganzen Huhns, das man in Stücke schneidet, kann man auch Pouletteile verwenden; sehr gut eignen sich zum Beispiel Oberschenkel oder mittelgrosse ganze Schenkel.

Für 3–4 Personen

Vorbereiten: 20 Minuten
Schmoren: 45 Minuten

1 grosses Poulet, ca. 1,2 kg schwer
Salz, schwarzer Pfeffer aus der Mühle
1 Teelöffel edelsüsser Paprika
1 Bund Thymian
2 Knoblauchzehen
2 Esslöffel Bratbutter
¼ l Noilly Prat (trockener Wermut)
400 g Dosentomaten (Pelati)
150 ml Rahm

1 Den Backofen auf 220 Grad vorheizen.
2 Das Poulet in 6–8 Stücke teilen (evtl. vom Metzger machen lassen). Salz, Pfeffer und Paprika mischen und die Geflügelteile damit einreiben.
3 Die Thymianblättchen von den Zweigen zupfen. Den Knoblauch schälen und in Stifte schneiden.
4 In einem Bräter die Bratbutter erhitzen. Die Pouletteile darin rundum kräftig anbraten. Dann den Thymian und Knoblauch dazustreuen und alles mit dem Noilly Prat ablöschen. Leicht einkochen lassen.
5 Die Tomaten sorgfältig in ein Sieb abschütten und gut abtropfen lassen. Die Tomaten im Bräter verteilen. Diesen auf der zweituntersten Rille im 220 Grad heissen Ofen einschieben und das Pouletragout 30 Minuten offen schmoren lassen.
6 Nun die Ofenhitze auf 250 Grad erhöhen. Den Rahm zum Poulet giessen und alles weitere 15 Minuten backen. Das Gericht in der Form servieren.

Dazu passt:
- Feine oder breite Nudeln
- Weissweinrisotto
- Gebratene kleine Schalenkartoffeln

Zubereitung auch geeignet für:

Kaninchenragout: Nach Rezept zubereiten, jedoch je nach Qualität 15–20 Minuten länger schmoren.

Coq au vin

Von diesem klassischen französischen Gericht gibt es wohl so viele Rezepte, wie es Köche gibt. Hier eine besonders reichhaltige Variante, wie ich sie im Burgund kennen gelernt habe, mit reichlich Gemüse, Champignons, Rosinen und gerösteten Brotwürfelchen.

Für 4–5 Personen

Vorbereiten: 25 Minuten
Schmoren: 50–60 Minuten
Sauce fertig stellen: 10 Minuten

4 Pouletschenkel
4 Pouletbrüstchen
Salz, Pfeffer aus der Mühle
2 Karotten
¼–½ Knollensellerie, je nach Grösse
4 Knoblauchzehen
4 Esslöffel Olivenöl
1 Esslöffel Tomatenpüree
1 Esslöffel Rosinen
300 ml kräftiger Rotwein
200 ml Geflügelfond oder leichte Hühnerbouillon
50 ml Cognac
½ Bund Petersilie
2 Lorbeerblätter

Zum Fertigstellen:
2 Toastbrotscheiben
1 Esslöffel Butter zum Braten
1 Schalotte
200 g kleine Champignons
1 Esslöffel Mehl
1 Esslöffel weiche Butter
1 Esslöffel Olivenöl

1 Von den Pouletschenkeln die Haut ablösen, Ober- und Unterschenkel im Gelenk entzweischneiden. Die Pouletbrüstchen ebenfalls halbieren. Mit Salz und Pfeffer würzen.

2 Die Karotten und den Sellerie schälen und in kleine Stücke oder Stengelchen schneiden. Die Knoblauchzehen schälen, jedoch ganz lassen.

3 Den Backofen auf 150 Grad vorheizen.

4 Die Hälfte des Olivenöls in einem Bräter erhitzen und die Pouletteile in zwei Portionen hellbraun anbraten; dazwischen das restliche Öl beifügen. Das Fleisch warm stellen.

5 Im Bratensatz das Gemüse, die Knoblauchzehen, das Tomatenpüree und die Rosinen kurz andünsten. Rotwein, Geflügelfond und Cognac dazugiessen, Petersilienzweige und Lorbeer dazulegen und alles aufkochen.

6 Die Pouletstücke in die Sauce legen. Den Bräter zugedeckt auf der zweituntersten Rille einschieben und den Coq au vin im 150 Grad heissen Ofen 50–60 Minuten schmoren. Das Fleisch ist gar, wenn es sich gut vom Knochen löst.

7 Während das Poulet schmort, das Toastbrot würfeln und in der Butter hellbraun rösten. Die Schalotte schälen und fein hacken. Die Champignons rüsten, grössere Köpfe halbieren, kleine ganz lassen. Mit einer Gabel die Butter und das Mehl verkneten.

8 Die fertig geschmorten Pouletstücke aus der Sauce heben und zugedeckt warm stellen. Die Sauce absieben. Das Gemüse und den Knoblauch zum Poulet geben. Die Kräuter entfernen. Die Sauce beiseite stellen.

9 Den Bräter ausspülen und mit Küchenpapier trocknen. Das Öl darin kräftig erhitzen. Die Schalotten und die Champignons darin hellgelb rösten. Die Rotweinsauce dazugiessen und bei grosser Hitze auf etwa 400 ml einkochen lassen. Dann die Mehlbutter flockenwei-

Poulet in Tomatenrahm

Coq au vin

se in die Sauce rühren; sie soll leicht binden. Bei kleiner Hitze nochmals kurz kochen lassen. Mit Salz und Pfeffer abschmecken.

10 Zum Servieren die Pouletstücke und das Gemüse wieder in die Sauce geben und nur noch gut heiss werden lassen. Mit den Brotcroûtons bestreuen.

Dazu passt:

- Feine oder breite Nudeln
- Spätzli
- Camarguereis
- Gebratene kleine Schalenkartoffeln
- Kartoffelpüree
- Kartoffelküchlein
- Polenta

Zubereitung auch geeignet für:

- Rindsgeschnetzeltes: Wie im Rezept zubereiten.
- Kaninchenragout: Wie im Rezept zubereiten.

Morcheln findet man bei uns frisch von April bis Anfang Juni und getrocknet das ganze Jahr. Das Trocknen bekommt den Morcheln übrigens sehr gut, es intensiviert ihr Aroma sogar noch. Vor der Verwendung legt man sie in warmes Wasser oder in warme Milch ein. Je länger man sie einweicht, desto feiner wird ihr Geschmack. Vorsicht gilt allerdings bei der Verwendung der Einweichflüssigkeit: Vor allem getrocknete Morcheln aus dem Orient haben oft einen penetranten Rauchgeschmack, da sie auf Gitterrosten über schwelendem Feuer gedörrt werden. Man erkennt dies an der dunklen Farbe der Einweichflüssigkeit, verursacht durch den ausgewaschenen Russ. Für dieses zart-aromatische Pouletgericht wird sie nicht verwendet, da es die Sauce zu stark dominieren würde. Falls erhältlich, sollten Sie es unbedingt einmal mit frischen Morcheln ausprobieren.

Für 4 Personen

Vorbereiten: 10 Minuten
Kochen: etwa 50 Minuten
Fertig stellen: 30 Minuten

1 grosses Poulet
2 Karotten
1 kleine Stange Lauch
½ Sellerieknolle
1 grosse Zwiebel
1 Lorbeerblatt
2 Nelken
1 Hühnerbouillonwürfel
Salz, Pfeffer

Morchelsauce:
25 g gedörrte Morcheln oder 250 g frische Pilze
1 Schalotte
50 g Butter
2 gestrichene Esslöffel Mehl
200 ml Weisswein
300 ml Sud
200 ml Rahm
Salz, Pfeffer

1 Das Huhn innen und aussen kurz kalt spülen und mit Küchenpapier trockentupfen.
2 Karotten, Lauch und Sellerie rüsten und in Stücke schneiden. Die Zwiebel ungeschält halbieren und mit Lorbeerblatt und Nelken bestecken. Die vorbereiteten Zutaten mit dem Huhn in einen grossen Topf geben und so viel Wasser beifügen, dass alles bedeckt ist. Zugedeckt bei kleiner Hitze etwa 50 Minuten leise kochen lassen. Die Brühe am Anfang ein- bis zweimal abschäumen. Erst danach den Bouillonwürfel beifügen und den Sud mit Salz und Pfeffer abschmecken.
3 Inzwischen die Morcheln in lauwarmem Wasser etwa 30 Minuten einweichen.
4 Das Poulet aus der Bouillon nehmen, leicht abkühlen lassen, dann häuten und das Fleisch von den Knochen lösen. In grosse Stücke schneiden.
5 Mit einem Löffel das Fett von der Oberfläche des Suds abschöpfen. 300 ml Sud abmessen. (Die restliche Bouillon nach Belieben in einer Eiswürfelschale einfrieren; sie bildet eine aromatische Basis für Saucen und Suppen.)
6 Die eingeweichten Morcheln gründlich spülen und je nach Grösse halbieren oder vierteln.
7 Die Schalotte schälen und fein hacken. In 1 Esslöffel Butter hellgelb dünsten. Die Morcheln beifügen und unter Wenden 5 Minuten dünsten. Herausnehmen.
8 Die restliche Butter zum Bratensatz geben und schmelzen. Das Mehl beifügen und kurz dünsten. Weisswein und Sud langsam unter Rühren beifügen. Aufkochen, dann die Sauce bei kleiner Hitze gut 5 Minuten kochen lassen. Die Morcheln und den Rahm beifügen, die Sauce mit Salz und Pfeffer würzen und nochmals 5 Minuten kochen lassen.
9 Vor dem Servieren das Hühnerfleisch beifügen und nur noch gut heiss werden lassen.

Dazu passt:
- Trocken- oder Bouillonreis
- Feine Nudeln
- Gebratene kleine Schalenkartoffeln
- Glasierte Karotten (Rezept Seite 136)
- Gedünsteter Rosenkohl
- Gedämpfter Broccoli, mit etwas Butter verfeinert

Zubereitung auch geeignet für:

Kalbsragout: Das Ragout kurz anbraten, dann mit dem Gemüse sowie halb Weisswein, halb Wasser auffüllen und das Fleisch zugedeckt je nach Qualität 1½–1¾ Stunden gar ziehen lassen. Anschliessend nach Rezept weiterfahren.

Huhn an Morchelsauce

Hühner-Auberginen-Curry

Dieses pikante Hühnerragout stammt aus der thailändischen Küche. Eine wichtige Zutat ist Kokosmilch, die inzwischen auch bei uns in sehr guter Qualität in Dosen oder im Tetrapak in grösseren Lebensmittelgeschäften oder Asienläden erhältlich ist. Erschrecken Sie nicht, wenn die Kokosmilch beim Öffnen der Packung eine leicht gräuliche Farbe hat und sich obenauf Flüssigkeit abgesetzt hat. Sobald man die Kokosmilch erwärmt, wird alles wieder zu einer homogenen Sauce. Auch Zitronengras, Garam Masala, Kurkuma und Kardamom sind Zutaten, die in Lebensmittelgeschäften mit asiatischen Produkten oder in Asienläden erhältlich sind.

Für 4 Personen

Vorbereiten: 20 Minuten
Schmoren: 45–50 Minuten

1 mittlere Aubergine oder 250 g Miniauberginen
Salz
4–5 grosse Pouletbrüstchen
½ l Kokosmilch
2 Stengel Zitronengras oder abgeriebene Schale von ½ Zitrone
2 Esslöffel Erdnussbutter
1 Esslöffel Garam Masala oder milder Curry
½ Esslöffel Kurkuma
1 Prise gemahlener Zimt
½ Teelöffel gemahlener Kardamom
einige Tropfen Limonensaft
Koriander- oder Petersilienblättchen zum Garnieren

1 Die Aubergine ungeschält in Würfel schneiden. Mit Salz bestreuen und 15 Minuten Wasser ziehen lassen. Dann in ein Sieb geben, kurz unter kaltem Wasser spülen und mit Küchenpapier trockentupfen. Verwendet man Miniauberginen, diese der Länge nach halbieren und ebenfalls salzen.

2 Die Pouletbrüstchen in mundgerechte Stücke schneiden.

3 Kokosmilch, Zitronengras oder Zitronenschale sowie Erdnussbutter in einen mittleren Topf geben und gut verrühren. Das Pouletfleisch und die Auberginenwürfel beifügen. Alles zugedeckt aufkochen. Dann das Curry bei kleiner Hitze etwa 40 Minuten kochen lassen.

4 Fleisch und Auberginenwürfel mit einem Schaumlöffel aus der Sauce heben und beiseite stellen. Garam Masala oder Curry, Kurkuma, Zimt und Kardamom beifügen. Die Sauce leicht einkochen lassen. Zuletzt mit Limonensaft und Salz abschmecken.

5 Fleisch und Auberginen wieder beifügen und alles noch einmal gut erhitzen. Das Hühnercurry mit Koriander- oder Petersilienblättchen bestreuen und servieren.

Dazu passt:

- Basmati- oder Parfümreis
- Gebratene kleine Schalenkartoffeln

Mariniertes Rindsgeschnetzeltes

Eine würzige Marinade aus Weisswein, Balsamicoessig, Wacholder, Nelken und Rosmarin bildet die Saucenbasis für geschnetzeltes Rindfleisch. Ein überaus praktisches Gericht, kann es doch bereits am Vorabend geschmort werden. Kurz vor dem Essen muss es nur noch einmal gut durchgekocht und mit der rezeptierten Tomatenbutter verfeinert werden.

Für 4–5 Personen

Marinieren: mindestens 8 Stunden
Vorbereiten: 20 Minuten
Schmoren: 1–1¼ Stunden

300 ml trockener Weisswein
50 ml Balsamicoessig
4 Wacholderbeeren
5 Nelken
5 Umdrehungen schwarzer Pfeffer aus der Mühle
1 grosser Rosmarinzweig
800 g geschnetzeltes Rindfleisch

Zum Fertigstellen:
25 g getrocknete Steinpilze
Salz, schwarzer Pfeffer aus der Mühle
3 Esslöffel Bratbutter
2 Esslöffel weiche Butter
1 Esslöffel Tomatenpüree
2 Esslöffel Zitronensaft
1 Prise Muskat

1 Weisswein und Balsamicoessig in eine Schüssel geben. Die Wacholderbeeren fein zerstossen. Mit den restlichen Gewürzen und dem Rosmarinzweig zum Wein geben. Das Fleisch in die Marinade legen. Im Kühlschrank zugedeckt über Nacht marinieren.

2 Die Steinpilze in lauwarmem Wasser 30 Minuten einweichen. Abschütten und leicht ausdrücken.

3 Das Fleisch aus der Marinade heben und mit Küchenpapier trockentupfen. Mit Salz und Pfeffer würzen. In der heissen Bratbutter portionenweise kräftig anbraten. Aus der Pfanne nehmen.

4 Die Pilze in den Bratensatz geben und kurz andünsten. Mit 100 ml Marinade ablöschen und diese fast vollständig einkochen lassen. Die restliche Marinade dazugeben. Das Fleisch wieder beifügen und zugedeckt bei kleiner Hitze 1–1¼ Stunden weich schmoren.

5 Das Fleisch aus der Sauce heben und warm stellen. Den Rosmarinzweig entfernen und die Sauce wenn nötig noch etwas einkochen lassen; es sollen noch etwa 150 ml Flüssigkeit vorhanden sein.

6 In der Zwischenzeit Butter, Tomatenpüree, Zitronensaft, Muskat und wenig Pfeffer mischen.

7 Unmittelbar vor dem Servieren die Tomatenbutter flockenweise in die leicht kochende Sauce einziehen lassen. Das Fleisch wieder beifügen und alles mit Salz und Pfeffer abschmecken.

Dazu passt:

- Feine Nudeln
- Gebratene kleine Schalenkartoffeln
- Trockenreis
- Weisswein- oder Safranrisotto (Rezept Seite 115)
- Polenta
- Gebratene Maistaler (Rezept Seite 55)
- Bulgur (Rezept Seite 44)

Hühner-Auberginen-Curry

Mariniertes Rindsgeschnetzeltes

Rindsragout an Balsamicosauce

Aufgrund seines langwierigen Herstellungs- und Reifeprozesses ist Balsamico wohl der teuerste Essig der Welt. Vom «Tradizionale», der viele Jahre reifen muss, werden jährlich höchstens 8000 Liter hergestellt. Infolge der riesigen Nachfrage wird längst auch ein gewöhnlicher Balsamicoessig hergestellt, der jedoch die Bezeichnung «Tradizionale» nicht tragen darf. Auch dieser Essig muss mindestens fünf Jahre reifen, so dass er ebenfalls nicht ganz billig ist. Leider findet man heute viele Balsamicoessige, die mit dem ursprünglichen Produkt nichts mehr zu tun haben, da sie aus ganz gewöhnlichem Essig bestehen, der lediglich mit Zuckercouleur dunkel gefärbt wird.

Für 4 Personen

Vorbereiten: 25 Minuten
Schmoren: 2–2½ Stunden

250 g Saucenzwiebelchen
400 g Karotten
800 g Rindsragout
Salz, schwarzer Pfeffer aus der Mühle
3–4 Esslöffel Olivenöl
100 ml Balsamicoessig
3 Esslöffel Tomatenpüree
ca. ½ l Fleischbouillon
3–4 Rosmarinzweige
100 ml Marsala
100 ml Rotwein

1 Reichlich Wasser aufkochen. Die Saucenzwiebelchen hineingeben und 1 Minute blanchieren. Abschütten und kalt abschrecken. Den Wurzelansatz abschneiden und die Zwiebelchen aus der Schale drücken.

2 Die Karotten schälen und in Scheiben schneiden.

3 Das Fleisch mit Salz und Pfeffer würzen. In einem Bräter das Olivenöl erhitzen und das Ragout darin in 2–3 Portionen anbraten. Herausnehmen.

4 Wenn nötig etwas Olivenöl zum Bratensatz geben. Die Zwiebelchen und Karotten darin andünsten. Mit dem Balsamico ablöschen und diesen leicht einkochen lassen. Das Tomatenpüree dazurühren und das Fleisch wieder beifügen. Die Bouillon beifügen und die Rosmarinzweige in die Flüssigkeit legen. Das Ragout zugedeckt 2–2½Stunden sehr weich schmoren.

5 Inzwischen Marsala und Rotwein in einem kleinen Topf gut zur Hälfte einkochen lassen. Die Reduktion gegen Ende der Kochzeit zum Ragout geben. Vor dem Servieren wenn nötig nachwürzen.

Dazu passt:

- Weisswein- oder Safranrisotto (Rezept Seite 115)
- Gebratene kleine Schalenkartoffeln
- Kleine Rösti aus rohen Kartoffeln zubereitet
- Kartoffelpüree
- Polenta
- Gebratene Maistaler (Rezept Seite 55)

Zubereitung auch geeignet für:

- Rindsschmorplätzchen: Fleisch, Karotten und Zwiebelchen nach dem Anbraten aus der Pfanne nehmen. Die Sauce nach Rezept ansetzen, dann die Fleischschnitzelchen einschichten und darüber das Gemüse geben. Die Garzeit beträgt je nach Fleischqualität 1½–2 Stunden.
- Schweinsragout: Nach Rezept zubereiten, jedoch nur 1½–1¾ Stunden schmoren.
- Lammragout: Nach Rezept zubereiten, jedoch je nach Fleischqualität nur 1½–1¾ Stunden schmoren.

Rindfleischvögel an Wermutsauce

Diese Rouladen aus dünn geschnittenem Rindfleisch lässt man in einer Wermutsauce schmoren, bis sie so zart sind, dass man sie mit einer Gabel zerteilen kann. Wer keinen Noilly Prat, den französischen Wermut, zur Hand hat, behilft sich mit halb Weisswein, halb Sherry, die aber beide sehr trocken sein müssen.

Für 4 Personen

Vorbereiten: 40 Minuten
Schmoren: 1¼–1½ Stunden

Fleischrouladen:
2 grosse Zwiebeln
2 Knoblauchzehen
1 Zweig Rosmarin
1 Bund glattblättrige Petersilie
1 Esslöffel Butter
8 grosse, möglichst dünn geschnittene Rindsplätzchen zum Schmoren
Salz, schwarzer Pfeffer aus der Mühle
4 grosse, dünn geschnittene Schinkenscheiben

Zum Schmoren:
250 g Champignons
1 Esslöffel Bratbutter
150 ml Noilly Prat (trockener Wermut)
150 ml Weisswein
100 ml Rahm
250 g Cherrytomaten
1 Bund glattblättrige Petersilie
1 Esslöffel Butter
1 Teelöffel Zucker

1 Die Zwiebeln und den Knoblauch schälen und fein hacken. Die Rosmarinnadeln von den Zweigen zupfen und mit der Petersilie hacken. Alle diese Zutaten in der Butter 4–5 Minuten dünsten. Abkühlen lassen.
2 Die Rindsplätzchen auf der Arbeitsfläche auslegen. Wenn nötig unter Klarsichtfolie mit dem Teigroller noch etwas dünner klopfen. Auf der einen Seite mit Salz und Pfeffer würzen. Dann die Plätzchen wenden und auf der ungewürzten Seite mit je ½ Schinkenscheibe belegen. Je etwas Zwiebel-Kräuter-Masse darauf ausstreichen. Die Fleischplätzchen aufrollen und mit Zahnstochern fixieren oder mit Küchenschnur binden.
3 Die Champignons rüsten und in Scheiben schneiden.
4 In einem Schmortopf die Bratbutter erhitzen. Die Fleischrouladen darin rundum 5 Minuten anbraten. Die Champignons beifügen und kurz mitbraten. Mit Noilly Prat und Weisswein ablöschen. Die Fleischrouladen zugedeckt bei mittlerer Hitze 1 Stunde schmoren. Dann den Rahm beifügen und die Fleischrouladen im offenen Topf noch so lange fertig garen, bis sie sehr weich sind und die Sauce leicht eingekocht ist; die Fleischrouladen dabei einige Male wenden.
5 Inzwischen die Cherrytomaten waschen und auf der Oberseite kreuzweise leicht einschneiden. Die Petersilie fein hacken.
6 In einer weiten Pfanne die Butter aufschäumen lassen. Die Tomaten beifügen, mit dem Zucker bestreuen und unter häufigem Durchschütteln der Pfanne während 3 Minuten glasieren. Mit der Petersilie bestreuen und mit Salz sowie Pfeffer würzen.
7 Die Fleischrouladen anrichten und mit den Cherrytomaten garnieren.

Rindfleischvögel an Wermutsauce

Rindsragout an Balsamicosauce

Dazu passt:
- Feine Nudeln
- Kräuterrisotto
- Gebratene kleine Schalenkartoffeln
- Rösti
- Kartoffelpüree
- Polenta
- Gebratene Maistaler (Rezept Seite 55)

Glasierter Sauerbraten

Dieser Sauerbraten wird nicht einfach in der Sauce geschmort, sondern mit nur wenig Flüssigkeit aufgesetzt und dafür regelmässig mit Marinade übergossen, so dass diese stark einkochen kann und am Schluss eine samtige, geschmacksintensive Sauce ergibt. Dass das Gericht etwas aufwendig in der Zubereitung ist, liegt auf der Hand, aber das Resultat macht die Mühe allemal wett! Die Grösse des Bratens kann übrigens stark variieren, ohne dass für die Zubereitung mehr Marinade verwendet werden muss. Bis zu einem Gewicht von 2 Kilogramm verändert sich auch die Garzeit nicht; für schwerere Stücke ½ Stunde länger rechnen.

Für 6–8 Personen

Vorbereiten. 15 Minuten
Marinieren: etwa 4 Tage
Glasieren: etwa 3 Stunden
Fertig stellen: 30 Minuten

1,5 kg Rindfleisch (Eckstück, Nuss oder runder Mocken)

Marinade:
2 l Rotwein
100 ml Balsamicoessig
¼ l Rotweinessig
2 mittlere Zwiebeln
2 Knoblauchzehen
4 Karotten
½ Sellerieknolle
8 Nelken
2 Lorbeerblätter
25 g schwarze Pfefferkörner
1 gehäufter Esslöffel Salz
1 gehäufter Esslöffel Zucker

Zum Fertigstellen:
50 g Bratbutter
Salz, Pfeffer
50 g Tomatenpüree
150 g Sultaninen
150 ml roter Portwein
6–8 kleine Äpfel
¼–⅓ Glas Preiselbeerkompott oder Preiselbeerkonfitüre
50 g weiche Butter
1 gehäufter Esslöffel Mehl

1 Das Bratenstück in eine Schüssel geben. Rotwein sowie beide Essigsorten dazugiessen. Zwiebeln und Knoblauch schälen, in Scheiben schneiden und beifügen. Karotten und Sellerie rüsten und in fingergrosse Stengelchen schneiden. Mit den Nelken und den Lorbeerblättern zur Marinade geben. Die Pfefferkörner grob zerdrücken und mit Salz sowie Zucker beifügen. Das Fleisch zugedeckt an einem eher kühlen, aber auf keinen Fall zu kalten Ort mindestens 4 Tage marinieren.
2 Den Backofen auf 200 Grad vorheizen.
3 Das Fleisch aus der Marinade heben und mit Küchenpapier trockentupfen. Die Marinade in einen Topf absieben, das Gemüse beiseite legen. Die Marinade einmal aufkochen, dabei den entstehenden Schaum abschöpfen.
4 In einem Bräter die Bratbutter erhitzen. Das Bratenstück mit Salz und Pfeffer würzen und rundum anbraten. Das Tomatenpüree dazugeben und kurz mitrösten. Etwa 400 ml Marinadenflüssigkeit und das beiseite gelegte Gemüse beifügen. Den Braten in den 200 Grad heissen Ofen auf die unterste Rille geben. Offen unter häufigem Übergiessen – ungefähr alle 10 Minuten – etwa 3 Stunden glasieren. Immer erst weitere Marinade dazugeben, wenn die Flüssigkeit gut eingekocht ist und leicht bindet.
5 Inzwischen die Sultaninen mit dem Portwein übergiessen und einweichen lassen.
6 Die Äpfel quer halbieren und das Kerngehäuse entfernen. Die Höhlungen mit Preiselbeerkompott oder -konfitüre füllen.
7 Etwa 20 Minuten vor Ende der Garzeit das Marinadengemüse entfernen. Die Äpfel in den Bräter setzen.
8 Gleichzeitig die restliche Marinade – es bleiben 300–400 ml übrig – mit dem Portwein vom Einweichen der Sultaninen separat in einem kleinen Topf etwa 10 Minuten kräftig einkochen lassen.
9 Am Ende der Garzeit den Sauerbraten und die Äpfel aus der Form nehmen. Den Braten in Folie wickeln und mit den Äpfeln im ausgeschalteten Ofen warm stellen. Die Sauce durch ein Sieb zur eingekochten Portweinsauce geben. Die Sultaninen beifügen und aufkochen. Mit einer Gabel die weiche Butter und das Mehl verkneten und flockenweise in die Sauce rühren. Mit Salz und Pfeffer abschmecken.
10 Den Sauerbraten in dünne Scheiben aufschneiden, auf einer Platte anrichten und mit etwas Sauce überziehen. Mit den Äpfeln garnieren. Den Rest der Sauce separat dazu servieren.

Dazu passt:
- Gebratene Spätzli
- Feine oder breite Nudeln

Knoblauch-Rindsbraten

Dieser rundum mit Knoblauch gespickte Rindsbraten wird zusammen mit Karotten, Sellerie und kleinen Zwiebeln in Rotwein geschmort. Das dauert zwar seine Zeit, erledigt sich aber im Ofen von allein, so dass das Gericht nicht viel Küchenarbeit gibt.

Für 5–6 Personen

Vorbereiten: 20 Minuten
Schmoren: etwa 3 Stunden

10 Knoblauchzehen
1–1,3 kg Rindsbraten
4–5 Karotten
½ Sellerieknolle
150 g Saucenzwiebelchen
Salz, schwarzer Pfeffer aus der Mühle
2 Esslöffel Bratbutter
1 gehäufter Esslöffel Tomatenpüree
ca. ¾ l Rotwein
2 Kalbs- oder Schweinsfüsschen
1 Lorbeerblatt, besteckt mit 2 Nelken
2 Esslöffel weiche Butter
1 gehäufter Esslöffel Mehl

1 Die Knoblauchzehen schälen und halbieren. Mit einem kleinen Messer im Rindsbraten rundum 20 Einschnitte anbringen und je eine halbe Knoblauchzehe hineinstecken.

2 Die Karotten und den Sellerie schälen und in etwa 1 cm grosse Würfel schneiden. Die Saucenzwiebelchen schälen.

3 Den Backofen auf 180 Grad vorheizen.

4 Das Bratenstück rundherum mit Salz und Pfeffer kräftig würzen. In einem Bräter in der heissen Bratbutter rundum anbraten. Herausnehmen.

5 Im Bratensatz Karotten, Sellerie und Saucenzwiebelchen andünsten. Zum Fleisch geben.

6 Das Tomatenpüree zum Bratensatz geben und unter Rühren gut anrösten, bis sich ein kräftiges Aroma entwickelt hat. Löffelweise insgesamt 100 ml Wein dazugiessen und jedesmal fast vollständig verdampfen lassen. Dann den restlichen Wein beifügen. Den Braten, das Gemüse, die Kalbs- oder Schweinsfüsschen sowie das besteckte Lorbeerblatt dazugeben. Den Bräter zugedeckt auf die zweitunterste Rille in den 180 Grad heissen Ofen stellen. Den Rindsbraten etwa 3 Stunden schmoren lassen. Ist die Saucenflüssigkeit sehr stark eingekocht, wenn nötig etwas Rotwein nachgiessen.

7 Am Schluss der Schmorzeit den Braten aus der Sauce nehmen und in Scheiben aufschneiden. Zusammen mit dem Gemüse auf einer Platte anrichten und zugedeckt im ausgeschalteten Ofen warm stellen. Die Sauce auf dem Herd aufkochen. Die Butter und das Mehl mit einer Gabel verkneten und flockenweise in die leicht kochende Sauce geben. Mit Salz und Pfeffer abschmecken. Über den Braten und das Gemüse geben.

Dazu passt:

- Weisswein- oder Safranrisotto (Rezept Seite 115)
- Gebratene kleine Schalenkartoffeln
- Kartoffel-Sellerie-Püree oder Kartoffel-Apfel-Püree (Rezept Seite 105)
- Polenta
- Gebratene Maistaler (Rezept Seite 55)
- Rotkraut mit glasierten Kastanien

Glasierter Sauerbraten

Knoblauch-Rindsbraten

Ofen-Pot-au-feu mit Basilikum-Tomaten-Pesto

Aus dem Auge, aus dem Sinn: Das gilt für dieses im Ofen schonend gegarte Siedfleisch. Bei dieser Garmethode verkocht das Gemüse weniger, als wenn man es im Topf auf dem Herd kocht. Anstelle einer Vinaigrette serviere ich im Sommer eine duftende, an Pesto erinnernde Basilikum-Tomaten-Sauce dazu. Sie kann auch mit einem gekauften Pesto zubereitet werden, den man nach Belieben mit etwas Dörrtomatenpaste oder Tomatenpüree würzt. Gut passen übrigens auch die drei Saucen vom Tafelspitz (Rezept Seite 180) dazu.

Für 4–5 Personen

Vorbereiten: 25 Minuten
Schmoren: 3–3½ Stunden

1 Zwiebel
1 Lorbeerblatt
2 Nelken
4 Karotten
1 kleine Sellerieknolle
2 Stangen Lauch
4–5 Markknochen
8 Thymianzweige
4 Petersilienzweige
8–10 zerdrückte schwarze Pfefferkörner
2 Fleischbouillonwürfel
Salz
800 g–1 kg mageres Siedfleisch

Pesto:
2 Bund Basilikum
2–3 Knoblauchzehen
1 gehäufter Esslöffel Tomatenpüree
100 ml Olivenöl
50 g frisch geriebener Parmesan oder Sbrinz
Salz, Pfeffer aus der Mühle

1 Den Backofen auf 220 Grad vorheizen.
2 Die Zwiebel ungeschält halbieren. Auf der heissen Herdplatte auf einem Stück Alufolie mit den Schnittflächen nach unten rösten. Anschliessend mit dem Lorbeerblatt und den Nelken bestecken.
3 Karotten, Sellerie und Lauch rüsten und in nicht zu kleine, möglichst gleichmässige Stücke schneiden.
4 Die besteckte Zwiebel, das Gemüse, die Markknochen, Thymian, Petersilie und Pfefferkörner in einen grossen Bräter geben. Etwa 2½ Liter Wasser mit den Bouillonwürfeln aufkochen, darüber giessen und alles leicht salzen. Das Fleisch hineinlegen; es soll knapp mit Flüssigkeit bedeckt sein. In den auf 220 Grad vorgeheizten Ofen auf die zweitunterste Rille geben und offen je nach Qualität und Grösse des Stücks 3–3½ Stunden gar ziehen lassen; das Fleisch dabei gelegentlich wenden.
5 Für den Pesto die Basilikumblätter grob schneiden. Den Knoblauch schälen und hacken. Beides mit dem Tomatenpüree und dem Olivenöl im Cutter oder mit dem Stabmixer fein pürieren. Den Parmesan untermischen. Den Pesto mit Salz und Pfeffer abschmecken.
6 Zum Servieren das Fleisch in Scheiben aufschneiden. Zusammen mit dem Gemüse in einer tiefen vorgewärmten Schüssel anrichten. Die Bouillon mit Salz und Pfeffer abschmecken. Fleisch und Gemüse mit etwas Bouillon übergiessen. Den Tomatenpesto separat dazu servieren.

Dazu passt:
- Salzkartoffeln
- Frische Baguette

Ofen-Pot-au-feu mit Basilikum-Tomaten-Pesto

Tafelspitz mit dreierlei Saucen

Siedfleisch auf Österreichisch – ein Festessen vom Feinsten! Es wird aus dem Rindshuftdeckel zubereitet, einem nicht ganz preisgünstigen, dafür hochwertigen mageren Stück, das auch Tafel- oder Rosenspitz genannt wird. Traditionell wird dazu Apfelkren, eine leichte Sauce aus in Weisswein gekochten Äpfeln und Meerrettich, serviert. In diesem Rezept kommen zwei weitere beliebte Saucen hinzu, nämlich eine Kräutervinaigrette, auch Grüne Sauce genannt, sowie eine Senfsauce mit gehacktem Ei.

Für 6–7 Personen

Vorbereiten: 1 Stunde
Schmoren: 3½ Stunden

½ Sellerieknolle
2 mittlere Karotten
1 kleine Stange Lauch
1 mittlere Zwiebel
1 Lorbeerblatt
3–4 Nelken
1 Esslöffel schwarze Pfefferkörner
4 Petersilienzweige
ca. 2 l Wasser
2 Fleischbouillonwürfel
½ Teelöffel Salz
ca. 1,5 kg Rindshuftdeckel (ersatzweise gut gelagerter Hohrücken)

Apfelkren:
2 säuerliche Äpfel
2–3 Esslöffel Weisswein
1 Esslöffel Zucker
1 Prise Salz
1½ Esslöffel frisch geriebener Meerrettich (ersatzweise Paste aus dem Glas)

Grüne Sauce:
2 Eier
1 kleine Zwiebel
2 Bund Petersilie
1 Bund Basilikum
1 Bund Schnittlauch
½ Bund Estragon oder Kerbel
2 Esslöffel Rotweinessig
2–3 Esslöffel Sud vom Tafelspitz
1 Teelöffel Senf
Salz, Pfeffer aus der Mühle
5–6 Esslöffel Olivenöl

Senfsauce:
1 Becher (180 g) saurer Halbrahm oder nordische Sauermilch
1 gehäufter Esslöffel Senf (evtl. grobkörnig)
Salz, schwarzer Pfeffer aus der Mühle
1 hart gekochtes Ei

Gemüse:
2 kleine Köpfe Wirz (Wirsing)
1 kg Kartoffeln

1 Sellerie, Karotten sowie Lauch rüsten und in kleine Stücke schneiden. Die Zwiebel schälen, vierteln und mit dem Lorbeerblatt und den Nelken bestecken. Die Pfefferkörner grob zerdrücken. Alles mit den Petersilienzweigen, dem Wasser, den Bouillonwürfeln und dem Salz in einen Topf geben, der gerade so gross ist, dass das Fleischstück hineinpasst. Den Sud aufkochen und bei kleiner Hitze zugedeckt 10 Minuten leise kochen lassen.

2 Nun das Fleischstück in die Bouillon legen; es soll mit Flüssigkeit bedeckt sein. Die Temperatur erhöhen, bis der Sud ganz leicht zu kochen beginnt. Den Tafelspitz bei kleinster Hitze etwa 3½ Stunden gar ziehen lassen; der Sud darf dabei auf keinen Fall kochen!

3 Inzwischen die Saucen zubereiten: Für den Apfelkren die Äpfel schälen, entkernen, halbieren und in Schnitze schneiden. Mit Weisswein, Zucker und Salz bei kleiner Hitze sehr weich kochen. Mit dem Stabmixer pürieren. Dann den Meerrettich untermischen.

4 Für die Grüne Sauce die Eier hart kochen, kalt abschrecken, schälen und grob hacken. Die Zwiebel sowie sämtliche Kräuter fein hacken. Essig, Sud, Senf, Salz, Pfeffer und Öl zu einer Sauce rühren. Die gehackten Eier, Zwiebel und Kräuter beifügen.

5 Für die Senfsauce den Halbrahm oder die nordische Sauermilch, Senf, Salz und Pfeffer verrühren. Das Ei schälen, fein hacken und unter die Sauce mischen.

6 Den Wirz vierteln und grobe Strunkteile herausschneiden. Die Viertel in etwas Bouillon vom Tafelspitz zugedeckt weich dünsten.

7 Die Kartoffeln schälen und je nach Grösse halbieren oder vierteln. In wenig Salzwasser oder über Dampf weich garen.

8 Den Tafelspitz aus dem Sud heben, in Scheiben schneiden und auf einer vorgewärmten Platte anrichten. Mit etwas Sud beträufeln, damit das Fleisch schön glänzt und nicht austrocknet. Die Wirzviertel und Salzkartoffeln darum herum anrichten. Die Saucen separat dazu servieren.

Saftplätzchen mit Gemüse

Ein Rezept aus Grossmutters Küche – nach wie vor unschlagbar gut: Rindsschmorplätzchen in einer Gemüse-Rotwein-Sauce so weich gekocht, dass man sie mit einer Gabel zerteilen kann. Die Schmorzeit hängt vom verwendeten Fleischstück, seiner Reife sowie von der Dicke der Schnitzelchen ab und kann stark variieren. Nach Belieben kann man etwa ein Viertel des Gemüses mit einem Teil der Saucenflüssigkeit im Mixer pürieren und die Sauce damit binden.

Für 4 Personen

Vorbereiten: 25 Minuten
Schmoren: 1¾–2½ Stunden

2 mittlere Karotten
½ kleiner Knollensellerie
1 kleine Stange Lauch
1 mittlere Zwiebel
1 Knoblauchzehe
8–12 Rindsschnitzel zum Schmoren, je nach Grösse
Salz, schwarzer Pfeffer aus der Mühle
etwas edelsüsses Paprikapulver
4 Esslöffel Olivenöl
1 gehäufter Esslöffel Tomatenpüree
¼ l Rotwein
¼ l Bouillon oder Kalbsfond
1 Lorbeerblatt
1 Zweig Rosmarin
3–4 Tomaten, je nach Grösse

1 Karotten und Sellerie schälen und in kleine Würfelchen schneiden. Den Lauch rüsten, der Länge nach halbieren, waschen, dann in zündholzlange Streifchen

Tafelspitz mit dreierlei Saucen

Saftplätzchen mit Gemüse

schneiden. Die Zwiebel und den Knoblauch schälen und fein hacken.

2 Die Rindsplätzchen beidseitig mit Salz, Pfeffer und Paprika würzen. In einem Bräter portionenweise im heissen Olivenöl anbraten. Herausnehmen.

3 Im Bratensatz Karotten, Sellerie, Lauch, Zwiebel und Knoblauch andünsten. Das Tomatenpüree beifügen und kurz mitrösten. Mit dem Rotwein und der Bouillon ablöschen. Das Fleisch wieder in den Bräter geben und unter das Gemüse schieben, so dass es damit bedeckt ist. Das Lorbeerblatt und den Rosmarinzweig dazulegen. Alles zugedeckt bei kleiner Hitze gut 1 Stunde leise kochen lassen.

4 Inzwischen die Tomaten kurz in kochendes Wasser tauchen, schälen, quer halbieren, entkernen und würfeln.

5 Nach 1 Stunde Kochzeit die Tomatenwürfel zum Fleisch geben und alles weitere ¾–1¼ Stunden schmoren, bis das Fleisch sehr weich ist. Zuletzt die Sauce mit Salz und Pfeffer abschmecken.

Dazu passt:

- Feine oder breite Nudeln
- Gebratene Spätzli
- Weisswein- oder Safranrisotto (Rezept Seite 115)
- Kartoffelpüree
- Gebratene kleine Schalenkartoffeln
- Gebratene Maistaler (Rezept Seite 55)

Kalbsragout mit Dörrtomaten und Pilzen

Eine fantasievolle Variation zum Thema Ragout: Kalbfleisch, getrocknete Pilze und Stangensellerie werden in Weisswein und Kalbsfond sanft geschmort. Für den speziellen Geschmack sorgen neben den Pilzen die Dörrtomaten, die in Streifen geschnitten gegen Ende der Kochzeit beigefügt werden. Ein Schuss Rahm zum Schluss macht aus dem Ragout ein wahres Festessen!

Für 4 Personen

Vorbereiten: 35 Minuten
Schmoren: 1½–1¾ Stunden

25 g gemischte getrocknete Pilze (z.B. Totentrompeten, Steinpilze)
1 Zwiebel
2 Zweige Stangensellereie
2–3 Esslöffel Öl
600 g Kalbsragout (z.B. von der Schulter), in etwa 2 cm grosse Würfel geschnitten
Salz, Pfeffer aus der Mühle
1 gestrichener Esslöffel Mehl
100 ml Weisswein
ca. ¼ l leichte Hühnerbouillon oder Kalbsfond
½ Bund Oregano oder ½ Teelöffel getrockneter Oregano
100 g in Öl eingelegte Dörrtomaten
150 ml Rahm
einige Tropfen Zitronensaft

1 Die Pilze in lauwarmem Wasser 25–30 Minuten einweichen. Abschütten, gründlich spülen und gut ausdrücken. Grosse Pilze halbieren oder vierteln.

2 Die Zwiebel schälen und fein hacken. Den Stangensellerie rüsten und klein würfeln.
3 Das Öl in einem Bräter erhitzen. Das Fleisch mit Salz und Pfeffer würzen. In 2–3 Portionen anbraten, dann herausnehmen.
4 Im Bratensatz die Pilze, die Zwiebel und den Sellerie 2–3 Minuten kräftig andünsten. Mit Mehl bestäuben und alles gut mischen. Den Weisswein dazugiessen und leicht einkochen lassen. Dann die Bouillon oder den Kalbsfond beifügen und das Fleisch wieder dazugeben. Zugedeckt bei kleiner Hitze etwa 1 Stunde leise kochen lassen.
5 Inzwischen den Oregano fein hacken. Die Tomaten gut abtropfen lassen und in Streifen schneiden.
6 Nach 1 Stunde Kochzeit die Tomaten, den Oregano und den Rahm beifügen und das Ragout weitere 30–45 Minuten fertig garen, bis die Fleischstücke sehr weich sind. Gegen Schluss den Deckel wegnehmen, damit die Sauce leicht einkochen kann. Vor dem Servieren mit Salz, Pfeffer und Zitronensaft abschmecken.

Dazu passt:
- Feine oder breite Nudeln
- Spätzli
- Kartoffelpüree, nach Belieben mit Sellerie gemischt
- Gebratene kleine Schalenkartoffeln

Zubereitung auch geeignet für:
- Schweinsragout: Nach Rezept zubereiten.
- Rindsragout: Nach Rezept zubereiten, jedoch je nach Fleischqualität insgesamt 2–2½ Stunden schmoren.
- Lammragout: Nach Rezept zubereiten.

Kalbfleischvögel mit Brät, Schinken und Kräutern

Ein Fleischgericht, mit dem man bei seinen Gästen nie falsch liegt: In einer gehaltvollen Gemüsesauce geschmorte Kalbfleischrouladen mit einer Füllung aus Schinken, Brät, Zwiebeln und Kräutern. Die herzhaften Röllchen können bereits am Vortag zubereitet werden und müssen dann vor dem Essen nur noch einmal 10 Minuten gut durchgekocht werden. Wenn man die Fleischrouladen zuerst auf der Nahtseite anbrät, klaffen sie anschliessend nicht mehr auf und brauchen deshalb nicht unbedingt mit Küchenschnur gebunden oder mit Zahnstochern fixiert zu werden. Wer eine leicht gebundene Sauce wünscht, gibt am Schluss flockenweise etwas Mehlbutter bei oder aber püriert etwa ein Drittel des mitgekochten Gemüses.

Für 4 Personen

Vorbereiten: 45 Minuten
Schmoren: etwa 1½ Stunden

2 mittlere Zwiebeln
1 Bund Petersilie
1 Bund Basilikum
1 Esslöffel Butter
250 g Kalbsbrät
8 grosse, dünn geschnittene Kalbsschnitzel zum Schmoren (evtl. vom Metzger mit der Maschine aufschneiden lassen)
Salz, Pfeffer, Paprikapulver
4 grosse, dünn geschnittene Scheiben Schinken

Sauce:
2 Karotten
2 Tomaten

1 kleine Zwiebel
2 Esslöffel Bratbutter
1/8 l Weisswein
1/4 l Fleischbouillon
1 Lorbeerblatt
Salz, Pfeffer aus der Mühle

1 Die Zwiebeln schälen und fein hacken. Petersilie und Basilikum ebenfalls fein schneiden.
2 Die Butter erhitzen und die Zwiebeln darin hellgelb dünsten. Zuletzt Petersilie und Basilikum beifügen und nur noch 1 Minute mitdünsten. Auskühlen lassen.
3 Die Zwiebel-Kräuter-Mischung mit dem Brät mischen.
4 Die Kalbsschnitzelchen auf der Arbeitsfläche auslegen. Wenn nötig unter Klarsichtfolie mit dem Teigroller noch etwas dünner klopfen. Auf der einen Seite mit Salz, Pfeffer und Paprika würzen. Wenden und auf der ungewürzten Seite mit je 1/2 Schinkenscheibe belegen. Je etwas Brätfüllung darauf verteilen, dann das Fleisch aufrollen. Nach Belieben mit Küchenschnur binden oder mit Zahnstochern fixieren.
5 Die Karotten schälen und in kleine Stücke schneiden. Die Tomaten kurz in kochendes Wasser tauchen, kalt abschrecken, häuten, quer halbieren, entkernen und in Würfel schneiden. Die Zwiebel schälen und fein hacken.
6 Die Bratbutter in einem Bräter erhitzen und die Fleischrouladen darin zuerst auf der Verschlussseite, dann rundherum anbraten. Herausnehmen.
7 Im Bratensatz Karotten und Zwiebel andünsten. Mit dem Weisswein ablöschen und diesen kurz einkochen lassen. Dann die Bouillon, die Tomaten, das Lorbeerblatt und die Fleischrouladen beifügen. Zugedeckt bei kleiner Hitze etwa 1 1/2 Stunden sehr weich schmoren. Von Zeit zu Zeit die Flüssigkeitsmenge kontrollieren und wenn nötig etwas Bouillon nachgiessen. Die Sauce vor dem Servieren mit Salz und Pfeffer abschmecken.

Dazu passt:
- Weissweinrisotto oder Bouillonreis
- Gebratene kleine Schalenkartoffeln
- Kartoffelpüree
- Cremige Polenta
- Überbackene Griessgnocchi

Zubereitung auch geeignet für:
- Rindfleischrouladen: Nach Rezept zubereiten, aber je nach Fleischqualität 1 1/2–2 Stunden schmoren.
- Pouletfleischrouladen: Die Pouletbrüstchen waagrecht tief ein-, aber nicht durchschneiden, unter Klarsichtfolie mit dem Teigroller zu dünnen Schnitzeln klopfen, dann nach Rezept weiterfahren. Die Schmorzeit beträgt etwa 1 Stunde.

Kalbsragout mit Dörrtomaten und Pilzen

Kalbfleischvögel mit Brät, Schinken und Kräutern

Geschmorte Kalbsschnitzel an Zitronen-Kräuter-Pesto

Kalbsschnitzel für einmal nicht gebraten, sondern langsam im Ofen geschmort an einer würzigen Marinade von Zitronenschale und -saft, Olivenöl, Weisswein, reichlich Kräutern und Knoblauch. Wer eine weniger ausgeprägt «zitronige» Sauce wünscht, ersetzt einen Teil des Zitronensafts durch Weisswein.

Für 4 Personen

Vorbereiten: 10 Minuten
Marinieren: mindestens 1 Stunde
Schmoren: 45–60 Minuten

1 Bund glattblättrige Petersilie
2 Rosmarinzweige
4 Knoblauchzehen
1 Esslöffel Senf
Schale und Saft von 1 Zitrone
50 ml Olivenöl
50 ml Weisswein
Pfeffer aus der Mühle
8 Kalbsschnitzel zum Schmoren (z.B. von der Schulter)
2 Esslöffel Olivenöl zum Braten
Salz
100 g schwarze Oliven

1 Die Petersilienblättchen und Rosmarinnadeln von den Zweigen zupfen. Den Knoblauch schälen und mit den Kräutern fein hacken.
2 Die Kräutermischung, Senf, Zitronenschale und -saft, Olivenöl sowie Weisswein verrühren und und herzhaft mit Pfeffer würzen. Die Schnitzel mit dem Pesto bestreichen. Im Kühlschrank zugedeckt mindestens 1 Stunde, besser aber 2–3 Stunden ziehen lassen.
3 Den Backofen auf 160 Grad vorheizen.
4 Den Pesto von den Schnitzeln streichen und beiseite stellen.
5 In einem Bräter das Olivenöl erhitzen. Die Schnitzel salzen und portionenweise auf jeder Seite etwa 30 Sekunden anbraten. Wenn man damit fertig ist, alle Schnitzel wieder in den Bräter geben und den beiseite gestellten Pesto darüber träufeln.
6 Die Kalbsschnitzel zugedeckt im 160 Grad heissen Ofen auf der zweituntersten Rille 45–60 Minuten weich schmoren; dabei ab und zu mit Bratenjus begiessen.
7 Kurz vor dem Servieren die Oliven über das Fleisch streuen und die Sauce mit Salz sowie Pfeffer abschmecken.

Dazu passt:
- Trocken- oder Bouillonreis
- Weisswein- oder Safranrisotto (Rezept Seite 115)
- Gebratene kleine Schalenkartoffeln
- Bratkartoffeln
- Glasierte Karotten (Rezept Seite 136)
- Gedünsteter Fenchel
- Gedünstete grüne Bohnen mit Tomaten
- Gebratene Zucchetti mit Zwiebeln, Knoblauch und Peperoncino

Geschmorte Kalbsschulter an Orangen-Kräuter-Sauce

Fein abgeriebene Zitrusfruchtschale eignet sich ausgezeichnet zum Würzen von Fleischsaucen. Dabei muss jedoch geachtet werden, dass man wirklich nur den farbigen Schalenteil abreibt, denn das Weisse schmeckt stark bitter und kann unangenehm dominieren. Abgeriebene Orangen- und Zitronenschale gibt es auch getrocknet zu kaufen, aber sie schmeckt nie so intensiv wie frische.

Für 4–5 Personen

Vorbereiten: 30 Minuten
Fertig braten: 50–60 Minuten
Nachgaren: 10–15 Minuten

2 Zweige Thymian
1 Zweig Salbei
½ Teelöffel Salz
einige Umdrehungen Pfeffer aus der Mühle
1 Teelöffel Senf
3 Esslöffel Öl
800 g Kalbsschulterbraten
1 Orange
etwa 10 Gewürznelken
200 ml Kalbsfond oder Bouillon
100 ml Weisswein
je 2 Esslöffel Butter und Öl
1 Bund glattblättrige Petersilie
fein abgeriebene Schale von ½ Orange
und ½ Zitrone
60 g Butter

1 Den Backofen auf 220 Grad vorheizen und einen Bräter miterhitzen.

2 Die Thymianblättchen von den Zweigen zupfen, die Salbeiblätter fein hacken. Mit Salz, Pfeffer, Senf und Öl mischen. Das Fleisch mit der Würzmischung bestreichen. In den heissen Bräter geben und im 220 Grad heissen Ofen 20 Minuten anbraten, dabei einmal wenden.

3 Inzwischen die Orange mit den Nelken bestecken. Kalbsfond oder Bouillon mit dem Weisswein erwärmen.

4 Nach 20 Minuten Bratzeit die Ofentemperatur auf 180 Grad reduzieren. Die Orange zum Braten legen. Die Kalbsschulter 50–60 Minuten fertig braten; dabei den Braten regelmässig mit dem vorbereiteten Jus begiessen. Wichtig: Der Braten darf nie in Flüssigkeit schwimmen, deshalb den Jus nur portionenweise beifügen. Das Begiessen gibt dem Fleisch eine schöne Kruste.

5 Das Fleisch aus dem Ofen nehmen, in Alufolie wickeln und 10–15 Minuten durchziehen lassen. Die Orange wird nicht mehr verwendet. Den Bratenjus in einen kleinen Topf umgiessen.

6 Die Petersilie fein hacken. Mit der Orangen- und Zitronenschale zum Bratenjus geben und aufkochen. Die Butter flockenweise beifügen und in die Sauce einziehen lassen. Mit Salz und Pfeffer abschmecken.

7 Die Kalbsschulter in feine Scheiben schneiden und mit Sauce umgiessen.

Dazu passt:

- Feine Nudeln
- Weisswein- oder Kürbisrisotto
- Kartoffel-Sellerie-Püree oder Kartoffel-Apfel-Püree (Rezept Seite 105)
- Kleine Rösti aus rohen Kartoffeln
- Gedünstetes gemischtes Wurzelgemüse (Karotten, Kohlrabi, Sellerie, Petersilienwurzel usw.)
- Gedünsteter Rosenkohl
- Gebratene Schwarzwurzeln

Geschmorte Kalbs-schnitzel an Zitronen-Kräuter-Pesto

Geschmorte Kalbs-schulter an Orangen-Kräuter-Sauce

Kalbsbraten in Milch mit grünem Pfeffer

Milch eignet sich hervorragend zum Kochen, zum Beispiel zum Schmoren von Braten, den sie herrlich zart werden lässt. Wenn in den Rezepten nicht anders vermerkt, wird immer Vollmilch verwendet. Wünscht man für diesen Braten eine etwas cremigere Sauce, wird sie am Schluss mit einigen Flocken Mehlbutter gebunden (auf 1 Esslöffel weiche Butter rechnet man 1 Esslöffel Mehl, die man mit einer Gabel gut verknetet).

Für 5–6 Personen

Vorbereiten: 10 Minuten
Schmoren: 1½ Stunden
Sauce fertig stellen: 10 Minuten

Ca. 800 g Kalbsnuss
Salz, schwarzer Pfeffer aus der Mühle
2 Esslöffel Olivenöl
1 Esslöffel Butter
2 Knoblauchzehen
1 l Milch
2 Salbeizweige
1 Rosmarinzweig
150 ml Rahm
1 gehäufter Esslöffel eingelegter grüner Pfeffer

1 Die Kalbsnuss mit Salz und Pfeffer würzen. In einem Schmortopf Olivenöl und Butter erhitzen und die Kalbsnuss darin nicht zu heiss von allen Seiten anbraten.
2 Inzwischen die Knoblauchzehen schälen, halbieren und 3–4 Minuten mitbraten.
3 In einem Topf die Milch aufkochen. Den Kalbsbraten damit übergiessen. Salbei- und Rosmarinzweige dazulegen. Das Fleisch zugedeckt bei kleiner Hitze etwa 1½ Stunden schmoren lassen. Nicht erschrecken, wenn die Milch dabei gerinnt und unansehnlich wird! Den Braten von Zeit zu Zeit wenden.
4 Am Schluss der Garzeit den Kalbsbraten in Folie wickeln und warm stellen. Die Milch durch ein feinmaschiges Sieb in einen Topf umgiessen. Bei grosser Hitze gut einkochen lassen. Dann den Rahm beifügen. Die Pfefferkörner in einem kleinen Sieb unter fliessendem warmem Wasser kurz spülen, grob zerdrücken und ebenfalls beigeben. Die Sauce nochmals etwas einkochen lassen. Mit Salz abschmecken.
5 Die Kalbsnuss in dünne Scheiben schneiden und mit etwas Sauce übergiessen. Die restliche Sauce separat dazu servieren.

Dazu passt:
- Feine Nudeln
- Trocken- oder Bouillonreis
- Gebratene kleine Schalenkartoffeln
- Gedünstetes Kohlrabi-Karotten-Gemüse
- Gedämpfter Broccoli
- Gedünsteter Rosenkohl
- Mit Speck umwickelte Päckchen von grünen Bohnen, im Ofen in etwas Bouillon kurz überbacken
- Mit Käse überbackener Krautstiel-Tomaten-Gratin

Zubereitung auch geeignet für:
- Schweinsnierstück: Nach Rezept zubereiten. Je nach Dicke des Fleischstücks 1¼–1½ Stunden schmoren.
- Truthahnbrust: Nach Rezept zubereiten. 800 g–1,2 kg Brustfilet haben die gleiche Garzeit wie die Kalbsnuss. Für grössere Stücke rechnet man pro 500 g Fleisch weitere ¼ Stunde.

Kalbsbraten in Milch mit grünem Pfeffer

Kalbshaxen an Rotwein-Gemüse-Sauce

Charakteristisch an den Kalbshaxen ist ihr Röhrenknochen, dessen Mark – auf einer Scheibe Brot genossen – eine zusätzliche kleine Delikatesse ist und dem Gericht auch einen feinen Geschmack verleiht. Beim Einkaufen sollte man sich die Kalbshaxen vom Metzger von beiden Seiten zeigen lassen, denn eine schöne Haxe muss immer etwas mehr Fleisch als Knochen aufweisen, und zwar im Durchschnitt beider Seiten. Beim Kochen ist wichtig, dass die Haxen so lange bei kleiner Hitze geschmort werden, bis sich das Fleisch von selbst vom Knochen zu lösen beginnt. Preisgünstiger als Kalbshaxen sind jene vom Schwein, die ein etwas kräftigeres Aroma haben.

Für 4 Personen

Vorbereiten: 20 Minuten
Schmoren: 1½–1¾ Stunden

2 Zweige Stangensellerie
2 mittlere Karotten
1 grosse Zwiebel
4–6 Knoblauchzehen
1 Bund Petersilie
4 Scheiben Kalbshaxe
Salz, schwarzer Pfeffer aus der Mühle
4 Esslöffel Olivenöl
2 Esslöffel Tomatenpüree
ca. ¼ l Rotwein
2 Zweige Rosmarin

1 Den Stangensellerie und die Karotten rüsten und in kleine Würfelchen schneiden. Die Zwiebel und den Knoblauch schälen und fein hacken. Die Petersilie ebenfalls hacken.

2 Die Kalbshaxen kurz unter kaltem Wasser spülen, mit Küchenpapier trockentupfen und darauf achten, dass am Knochen keine Splitter haften. Auf beiden Seiten mit Salz und Pfeffer würzen.

3 In einem Bräter das Olivenöl erhitzen. Die Kalbshaxen langsam von beiden Seiten anbraten. Herausnehmen.

4 Im Bratensatz das vorbereitete Gemüse, Zwiebel und Knoblauch andüsten. Das Tomatenpüree beifügen und kurz mitrösten, bis es gut riecht. Den Rotwein dazugiessen. Die Haxen in die Sauce legen und darauf achten, dass sie mit Gemüse bedeckt sind. Die Rosmarinzweige beifügen. Alles zugedeckt bei kleiner Hitze 1½–1¾ Stunden schmoren lassen. Das Fleisch soll so weich sein, dass es fast vom Knochen fällt.

5 Vor dem Servieren die Gemüsesauce mit Salz und Pfeffer abschmecken.

Dazu passt:
- Feine oder breite Nudeln
- Weisswein- oder Safranrisotto (Rezept Seite 115)
- Gebratene kleine Schalenkartoffeln
- Kartoffelpüree
- Kartoffelküchlein
- Cremige Polenta

Zubereitung auch geeignet für:

Schweinshaxen: Nach Rezept zubereiten, jedoch 2–2¼ Stunden schmoren.

Ganze Kalbshaxe in Tomaten-Sellerie-Jus

Was nicht alle wissen: Die besonders fleischige Hinterhaxe vom Kalb eignet sich sehr gut zum Garen am Stück. Sie bleibt dabei besonders saftig, und ihre Zubereitung ist nicht aufwendiger als bei der in Stücke geschnittenen Haxe.

Für 4 Personen

Vorbereiten: 25 Minuten
Schmoren: 1¾–2 Stunden

½ kleiner Knollensellerie
2 Zweige Stangensellerie
1 grosse Zwiebel
½ Bund Thymian
1 ganze Kalbshaxe, ca. 800 g
Salz, schwarzer Pfeffer aus der Mühle
3–4 Esslöffel Olivenöl
200 ml Weisswein
400 g gehackte Dosentomaten (Pelati)
ca. 200 ml Bouillon
2 Knoblauchzehen
1 grosser Bund glattblättrige Petersilie
abgeriebene Schale von 1 Zitrone

1 Den Backofen auf 180 Grad vorheizen.

2 Den Knollensellerie schälen, in Scheiben, dann in Streifen und diese wiederum in kleine Würfelchen schneiden. Den Stangensellerie rüsten, der Länge nach in Streifen und diese ebenfalls in Würfel schneiden. Die Zwiebel schälen und fein hacken. Die Thymianblättchen von den Zweigen zupfen.

3 Die Kalbshaxe rundum mit Salz und Pfeffer würzen. In einem Bräter das Olivenöl erhitzen. Die Haxe darin rundum kräftig anbraten. Herausnehmen.

4 Im Bratensatz die beiden Selleriesorten und die Zwiebel 4–5 Minuten dünsten. Thymian, Weisswein, Tomaten sowie 100 ml Bouillon beifügen. Alles aufkochen.

5 Die Kalbshaxe in den Gemüsejus legen. Zugedeckt im 180 Grad heissen Ofen auf der zweituntersten Rille 1¾–2 Stunden schmoren lassen. Von Zeit zu Zeit die Flüssigkeitsmenge kontrollieren, wenn nötig mit Bouillon ergänzen und die Haxe wenden.

6 Inzwischen den Knoblauch schälen und mit der Petersilie sehr fein hacken. Mit der Zitronenschale mischen.

7 Die Kalbshaxe aus der Sauce nehmen, in Scheiben schneiden und mit dem Tomaten-Sellerie-Jus auf einer Platte anrichten. Mit der Petersilienmischung bestreuen und sofort servieren.

Dazu passt:

- Feine oder breite Nudeln
- Weisswein- oder Safranrisotto (Rezept Seite 115)
- Gebratene kleine Schalenkartoffeln
- Kartoffelpüree
- Cremige Polenta
- Gebratene Maistaler (Rezept Seite 55)
- Zuckermais-Galetten (Rezept Seite 40)

Kalbshaxen an Rotwein-Gemüse-Sauce

Ganze Kalbshaxe in Tomaten Sellerie Jus

Mariniertes Schweinsragout

In diesem Rezept wird das Fleisch mitsamt Saucenzutaten zwei Tage mariniert, bevor es geschmort wird. Das gibt ihm nicht nur ein herzhaftes Aroma, sondern lässt es auch besonders zart werden. Anstelle von Marc kann man am Schluss die Sauce auch mit Grappa oder nur mit Rahm verfeinern.

Für 4–5 Personen

Marinade zubereiten: 20 Minuten
Marinieren: etwa 2 Tage
Vorbereiten: 15 Minuten
Schmoren: 1½–1¾ Stunden
Fertig stellen: 10 Minuten

200 g Saucenzwiebelchen
2 Karotten
1 Stück Knollensellerie, gewichtsmässig etwa wie die Karotten
1 Knoblauchzehe
1 Lorbeerblatt
6–8 Zweige Thymian
einige schwarze Pfefferkörner
800 g Schweinsragout
½ l Weisswein
Salz, Pfeffer aus der Mühle
2 Esslöffel Bratbutter
1 Esslöffel Mehl
nach Belieben 2 Schweinsfüsschen
1 Fleischbouillonwürfel
2–3 Esslöffel Marc (Tresterbranntwein)
100 ml Rahm
100 g magere Bratspeckscheiben
1 Bund Petersilie

1 Reichlich Wasser aufkochen. Die Zwiebelchen ungeschält hineingeben und 1 Minute blanchieren. Abschütten und kalt abschrecken. Den Wurzelansatz abschneiden und die Zwiebelchen aus der Haut drücken.
2 Die Karotten und den Sellerie schälen und würfeln. Den Knoblauch schälen und der Länge nach halbieren.
3 Die Fleischwürfel, die vorbereiteten Zutaten, das Lorbeerblatt, den Thymian und die Pfefferkörner in einen Gefrierbeutel geben. Alles mit dem Wein übergiessen. Den Beutel mit Küchenschnur satt verschliessen. Das Ragout im Kühlschrank etwa 2 Tage marinieren.
4 Fleisch und Gemüse aus der Beize nehmen und auf Küchenpapier gut abtropfen lassen. Die Beize aufkochen und absieben.
5 Das Fleisch salzen und pfeffern. In einem Schmortopf in der sehr heissen Bratbutter in 2–3 Portionen kräftig anbraten. Herausnehmen.
6 Im Bratensatz das Marinadengemüse kurz anrösten. Dann alles mit dem Mehl bestäuben, mischen und mit etwa zwei Drittel der Beize ablöschen. Die Schweinsfüsschen und den Bouillonwürfel dazugeben. Das Ragout wieder beifügen. Alles zugedeckt bei kleiner Hitze 1½–1¾ Stunden weich schmoren.
7 Mit einer Schaumkelle das Ragout und das Gemüse aus der Sauce nehmen und warm stellen. Die Sauce wenn nötig entfetten, dann den Marc beifügen und bei grosser Hitze leicht einkochen lassen. Den Rahm beifügen, nochmals kurz reduzieren, dann die Sauce mit Salz sowie Pfeffer abschmecken.
8 Während die Sauce einkocht, den Speck in feine Streifchen schneiden. In einer Bratpfanne ohne Fettzugabe knusprig rösten. Die Petersilie fein hacken und unter den Speck mischen.
9 Fleisch und Gemüse in die Sauce geben, anrichten und mit der Speckmischung bestreuen.

Dazu passt:

- Feine oder breite Nudeln
- Trockenreis oder Bouillonreis
- Gebratene kleine Schalenkartoffeln
- Kartoffelpüree
- Gebratene Maistaler (Rezept Seite 55)

Zubereitung auch geeignet für:

Rindsragout: Nach Rezept zubereiten, jedoch je nach Fleischqualität 2–2½ Stunden schmoren.

Lammragout aus der Normandie

Lammfleisch hat im französischen Norden eine lange Tradition. Berühmt sind die Pré-Salé-Lämmer, deren Fleisch wegen der jod- und meersalzhaltigen Wiesen in den Küstenregionen der Normandie und der Bretagne besonders würzig im Geschmack sein soll. Selbstverständlich schmeckt das Gericht aber auch mit anderem Lammfleisch zubereitet.

Für 4–5 Personen

Vorbereiten: 30 Minuten
Schmoren: 1½–1¾ Stunden
Fertig stellen: 5 Minuten

1 mittlere Zwiebel
2 Knoblauchzehen
ca. 1 kg mageres Lammragout
Salz, schwarzer Pfeffer aus der Mühle
2 Esslöffel Bratbutter
1 Esslöffel Mehl
ca. 400 ml Kalbsfond oder leichte Hühnerbouillon
1 Lorbeerblatt
6–8 Zweige Thymian
4 Zweige Petersilie
250 g Saucenzwiebelchen
4 mittlere Karotten
8–10 kleine Kartoffeln
1 Bund glattblättrige Petersilie oder Kerbel

1 Zwiebel und Knoblauch schälen und fein hacken.

2 Die Fleischwürfel mit Salz und Pfeffer würzen. In einem Schmortopf die Bratbutter erhitzen und das Ragout in 2–3 Portionen kräftig anbraten. Herausnehmen.

Mariniertes Schweinsragout

Lammragout aus der Normandie

3 Im Bratensatz Zwiebel und Knoblauch anrösten. Das Mehl darüber stäuben und kurz mitdünsten. Mit dem Fond oder der Bouillon ablöschen. Das Fleisch wieder beifügen. Lorbeerblatt, Thymian- und Petersilienzweige mit Küchenschnur zu einem Sträusschen binden und beifügen. Das Ragout zugedeckt etwa 1 Stunde schmoren.

4 Inzwischen die Saucenzwiebeln ungeschält in kochendes Wasser geben, 1 Minute blanchieren, abschütten und kalt abschrecken. Den Wurzelansatz der Zwiebelchen wegschneiden und diese aus den Häuten drücken.

5 Die Karotten schälen, der Länge nach vierteln und in etwa 4 cm lange Stücke schneiden. Die Kartoffeln unter fliessendem Wasser bürsten und ungeschält je nach Grösse halbieren oder vierteln.

6 Die Saucenzwiebelchen, Karotten und Kartoffeln nach 1 Stunde Schmorzeit zum Fleisch geben und alles weitere 30–45 Minuten garen, bis das Ragout sehr weich ist.

7 Die Petersilie oder den Kerbel grob hacken.

8 Fleisch und Gemüse mit einer Schaumkelle aus der Sauce heben und auf einer vorgewärmten Platte anrichten. Die Sauce noch 2–3 Minuten einkochen lassen, dabei allfälliges Fett mit einem Löffel von der Oberfläche abschöpfen. Petersilie oder Kerbel beifügen, die Sauce nachwürzen und über Fleisch und Gemüse anrichten.

Zubereitung auch geeignet für:

- Kalbsragout: Nach Rezept zubereiten.
- Schweinsragout: Nach Rezept zubereiten.

Gefüllter Lammrollbraten

Eine ungewöhnliche Füllung für ein feines Stück Fleisch: Zwetschgen werden in Rotwein gekocht, dann mit dem sirupartigen Sud mit Ricotta und Eigelb gemischt und auf einer aufgeschnittenen und mit Landrauchschinken belegten Lammschulter ausgestrichen, aufgerollt und im Ofen geschmort. Anstelle von frischen Zwetschgen eignen sich auch Dörrzwetschgen: Diese einige Stunden in warmem Wasser einlegen, dann in Stücke schneiden und im Rotweinsud weich kochen.

Für 5–6 Personen

Vorbereiten: 30 Minuten
Schmoren: 1½–2 Stunden

Füllung:
250 g Zwetschgen
150 ml Rotwein
1 Stange Zimt
1 Gewürznelke
1 Eigelb
200 g Ricotta
Salz, Pfeffer aus der Mühle
Cayennepfeffer

Zum Schmoren:
1 kg Lammschulter, vom Metzger zu einem grossen Rechteck zum Rollen aufgeschnitten
Salz, Pfeffer aus der Mühle
abgeriebene Schale von 1 Zitrone
100 g in dünne Scheiben geschnittener Landrauchschinken oder magerer Bratspeck
3–4 Esslöffel Olivenöl
ca. 1/4 l Rotwein

1 Die Zwetschgen halbieren und entsteinen.
2 Rotwein, Zimtstange und Nelke in einen weiten Topf geben und 3–4 Minuten kochen lassen. Dann die Zwetschgen hineingeben und nur gerade knapp weich garen. Mit einer Schaumkelle herausheben, gut abtropfen und auskühlen lassen. Den Sud auf 2 Esslöffel Flüssigkeit einkochen lassen. Zimt und Nelke entfernen.
3 Die Zwetschgen mit dem eingekochten Sud und dem Eigelb unter den Ricotta mischen. Die Masse mit Salz, Pfeffer und Cayennepfeffer pikant würzen.
4 Die Lammschulter auf der Arbeitsfläche auslegen und mit Salz, Pfeffer sowie Zitronenschale würzen. Mit dem Landrauchschinken oder Speck belegen. Die Zwetschgenmasse darauf verteilen. Das Fleisch aufrollen und mit Küchenschnur binden.
5 Den Backofen auf 220 Grad vorheizen.
6 In einem grossen Bräter das Öl erhitzen. Die Lammschulter rundum kräftig anbraten. Mit dem Rotwein ablöschen und aufkochen.
7 Den Lammrollbraten zugedeckt im 220 Grad heissen Ofen auf der zweituntersten Rille je nach Dicke des Bratenstücks 1½–2 Stunden schmoren; dabei regelmässig mit Sauce begiessen.

Dazu passt:

- Feine oder breite Nudeln
- Weisswein- oder Safranrisotto (Rezept Seite 115)
- Kartoffelpüree oder Kartoffel-Sellerie-Püree
- Bulgur (Rezept Seite 44)
- Zuckermais-Galetten (Rezept Seite 40)
- Glasierte Karotten (Rezept Seite 136)
- Gedünstete Kohlrabi
- Gedünsteter Rosenkohl
- Rotkraut mit Kastanien

*Gefüllter Lamm-
rollbraten*

*Kaninchenragout
mit Knoblauch*

Kaninchenragout mit Knoblauch

Besonders fein wird dieses originelle Gericht, wenn man es mit jungem Knoblauch zubereitet, denn nie schmeckt die würzige Knolle so mild und ausgewogen aromatisch, wie wenn sie frisch geerntet auf den Markt kommt. Die Schale von jungem Knoblauch ist noch so weich, dass man die ganzen Zehen ungeschält im Gericht mitschmoren kann.

Für 4 Personen

Vorbereiten: 30 Minuten
Schmoren: 1¼ Stunden

Ca. 1,2–1,5 kg Kaninchenragout
Salz, schwarzer Pfeffer aus der Mühle
1–2 Esslöffel Bratbutter
150 ml Weisswein
50 ml Noilly Prat (trockener Wermut)
2 ganze Knoblauchknollen
2 Lorbeerblätter
100 ml Crème fraîche
200 ml Rahm

1 Den Backofen auf 220 Grad vorheizen.
2 Das Kaninchenragout kräftig mit Salz und Pfeffer würzen. In einer Bratpfanne in der heissen Bratbutter in 2–3 Portionen rundum anbraten. Herausnehmen und in eine grosse feuerfeste Form geben.
3 Den Bratensatz mit Weisswein und Noilly Prat auflösen. Zum Ragout giessen.
4 Von den Knoblauchknollen die Zehen auslösen und schälen; junger Knoblauch muss nicht gehäutet werden. Zum Ragout geben. Die Lorbeerblätter dazulegen.
5 Crème fraîche und Rahm verrühren und leicht mit Salz und Pfeffer würzen. Zwischen die Kaninchenteile giessen. Die Form mit einem Deckel oder mit Alufolie verschliessen.
6 Das Kaninchenragout im 220 Grad heissen Ofen auf der zweituntersten Rille etwa 1¼ Stunden weich schmoren. Vor dem Servieren nach Belieben mit gehackter Petersilie bestreuen.

Dazu passt:
- In Olivenöl geröstetes Weissbrot, das man mit den geschmorten Knoblauchzehen bestreicht und mit etwas Salz und Pfeffer würzt.
- Feine Nudeln
- Trockenreis
- Gebratene kleine Schalenkartoffeln

Zubereitung auch geeignet für:
Pouletragout: Wie im Rezept zubereiten.

Kaninchenragout mit Salbei und Zitronen

Dieses Kaninchenragout wird zuerst in einer Marinade aus Essig, Bouillon, Tomatenpüree, Sojasauce, Salbei und Gewürzen geschmort und am Schluss noch kurz, aber kräftig gebraten. Fernöstliche Gewürze und Zitrone bringen das leicht süssliche Aroma des Kaninchenfleischs besonders gut zur Geltung. Szechuanpfeffer wird aus den getrockneten Samenschalen eines asiatischen Baums gewonnen und schmeckt nicht ausgeprägt pfeffrig, sondern aromatisch-säuerlich. Er kann übrigens sehr gut auch einmal anstelle von normalem Pfeffer für kurz gebratenes Fleisch oder für Marinaden verwendet werden.

Für 4 Personen

Vorbereiten: 10 Minuten
Marinieren: 2 Stunden
Schmoren: 45–60 Minuten
Fertig stellen: 15 Minuten

4 Knoblauchzehen
4 Salbeiblätter
½ Teelöffel Szechuanpfeffer oder schwarze Pfefferkörner
50 ml Zitronen- oder Apfelessig
300 ml Hühnerbouillon
1 Esslöffel Tomatenpüree
2 Teelöffel Sojasauce
2 Gewürznelken
ca. 1,2 kg Kaninchenragout

Zum Fertigstellen:
1 unbehandelte Zitrone
4 Salbeiblätter
50 ml Olivenöl

1 Den Knoblauch schälen. Die Salbeiblätter in Streifen schneiden. Den Pfeffer im Mörser oder mit dem Teigroller grob zerstossen. Alle diese Zutaten mit dem Essig, der Bouillon, dem Tomatenpüree, der Sojasauce und den Gewürznelken in einen grossen Topf geben und verrühren. Das Ragout in die Marinade legen und alles gut mischen. 2 Stunden zugedeckt marinieren.
2 Den Topf mitsamt Inhalt auf den Herd stellen. Das Ragout aufkochen und zugedeckt bei kleiner Hitze 45–60 Minuten weich schmoren. Die Ragoutstücke mit einer Gabel aus der Sauce heben.
3 Die Sauce absieben und in den Topf zurückgeben. Die Zitrone in feine Scheiben schneiden und in die Sauce legen. Alles bei mittlerer Hitze lebhaft kochen lassen, bis die Zitronenscheiben weich sind und die Sauce sirupartig eingedickt ist.
4 Inzwischen die Salbeiblätter fein hacken.
5 In einer Bratpfanne das Olivenöl erhitzen. Das Kaninchenragout und die Salbeiblätter bei guter Hitze rundherum 4–5 Minuten knusprig braten.
6 Das Kaninchenragout auf einer Platte anrichten, mit den gekochten Zitronenscheiben garnieren und mit der eingekochten Sauce beträufeln.

Dazu passt:
- Frisch gebackenes Knoblauchbrot
- Feine Nudeln
- Weissweinrisotto
- Bratkartoffeln
- Kartoffelgratin
- Glasierte Karotten (Rezept Seite 136)
- In Olivenöl mit Zwiebeln und Knoblauch gedünsteter Blattspinat

Kaninchenragout mit Salbei und Zitronen

Die Preiswerten

Der beste Hackbraten

Eine gewagte Behauptung? Eigentlich nicht, denn dieser reichhaltige Hackfleischbraten ist sehr saftig, nicht zu kompakt und überaus würzig. Das Geheimnis liegt nicht nur in der Mischung von Rind- und Kalbfleisch, sondern auch in der Zugabe von fein gehackter Mortadella, Dörrtomaten und Gemüse, die dem Hackbraten die ganz spezielle Note verleihen. Wichig ist zudem, dass man sich die Mühe nimmt, alle diese Zutaten wirklich fein zu hacken – dann aber steht dem Küchenerfolg nichts mehr im Weg.

Für 6–7 Personen

Vorbereiten: 40 Minuten
Braten: etwa 1¾ Stunden

500 g gehacktes Rindfleisch
500 g gehacktes Kalbfleisch
150 g Mortadella
2 Weggli (Semmeln)
150 ml Milch
1 grosse Zwiebel
1 mittlere Karotte
1 kleines Stück Knollensellerie
(etwa im Gewicht der Karotte)
4 in Öl eingelegte Dörrtomaten
1 Bund glattblättrige Petersilie
2 Esslöffel Olivenöl
1 Ei
2 Eigelb
Salz, Pfeffer, Paprika

Zum Braten:
50 ml Olivenöl
¼ l Rotwein
¼ l Wasser
1 Lorbeerblatt
1 Nelke
einige zerdrückte schwarze Pfefferkörner
1 Knoblauchzehe
1 Bratensaucenwürfel

1 Das gehackte Rind- und Kalbfleisch in eine Schüssel geben. Die Mortadella sehr fein hacken und untermischen. Das Fleisch bis zur Verwendung sehr kalt stellen.
2 Die Weggli in Stücke zupfen und in eine Schüssel geben. Mit der Milch beträufeln und mindestens 20 Minuten durchziehen lassen. Dann gut ausdrücken und fein hacken.
3 Die Zwiebel schälen und fein hacken. Die Karotte und den Sellerie schälen, klein schneiden, dann im Cutter oder mit dem Wiegemesser ebenfalls sehr fein hacken. Die Dörrtomaten in Streifen schneiden und hacken, ebenso die Petersilie.
4 In einer Bratpfanne das Olivenöl erhitzen. Zwiebel, Karotte und Sellerie darin 5 Minuten andünsten. Dann Dörrtomaten und Petersilie dazugeben und alles noch 2–3 Minuten weiterdünsten. Abkühlen lassen.
5 Den Backofen auf 200 Grad vorheizen.
6 Das eingeweichte Weggli, die Zwiebelmasse, das Ei und die Eigelbe zum Hackfleisch geben. Mit Salz, Pfeffer und Paprika grosszügig würzen. Den Fleischteig mindestens 5 Minuten von Hand durchkneten oder mit den Knethaken der Küchenmaschine gründlich durcharbeiten. Zu einem Laib formen.
7 Das Öl in einen grossen Bräter giessen. Den Hackbraten hineinlegen und wenn nötig nochmals nachformen.
8 Den Hackbraten im 200 Grad heissen Ofen auf der zweituntersten Rille 20 Minuten anbraten.

Der beste Hackbraten

9 Inzwischen Rotwein, Wasser, Lorbeerblatt, Nelke, Pfefferkörner, die geschälte und halbierte Knoblauchzehe und den Bratensaucenwürfel in eine Pfanne geben und 5 Minuten lebhaft kochen lassen.
10 Nach 20 Minuten Bratzeit die kochende Sauce zum Hackbraten geben. Die Ofentemperatur auf 120 Grad reduzieren, dabei die Ofentür 5 Minuten offen lassen, damit die Hitze rasch absinken kann. Den Hackbraten bei 120 Grad etwa 1½ Stunden nachgaren lassen.

Dazu passt:
- Feine oder breite Nudeln
- Weisswein-, Tomaten- oder Kürbisrisotto
- Gebratene kleine Schalenkartoffeln
- Kartoffelpüree
- Cremige Kräuter-Tomaten-Polenta
- Rotkraut mit Kastanien
- Gedünsteter Rosenkohl

Hackbraten in Gewürzmilch

Eine ungewöhnliche Art, einen Hackbraten zuzubereiten: Er wird in Milch gegart, die mit Knoblauch, Lorbeer, Nelken, Salbei und Zitronenschale pikant gewürzt ist. Die Gewürzmilch ist auch die Basis für die feine Sauce, die den Hackbraten begleitet. Übrigens schmeckt der Braten auch sehr gut kalt aufgeschnitten, so dass es sich auch für einen kleineren Haushalt lohnt, die ganze Menge zuzubereiten.

Für 6–7 Personen

Vorbereiten: 40 Minuten
Braten: 60 Minuten
Sauce fertig stellen: 10 Minuten

15 getrocknete Herbst- oder Totentrompeten
1 grosse Zwiebel
2 Karotten
¼ Knollensellerie
4 Salbeiblätter
100 g Schinken
1 Esslöffel Butter
800 g gehacktes Kalbfleisch
2 Eier
2 Esslöffel Paniermehl
Salz, Pfeffer aus der Mühle
1 Prise frisch geriebene Muskatnuss
etwas edelsüsser Paprika
2 Esslöffel Bratbutter
2 Knoblauchzehen
1 l Vollmilch
2 Lorbeerblätter
2 Gewürznelken
2 Salbeizweige
abgeriebene Schale von ⅓ Zitrone

1 Die Pilze 20 Minuten in lauwarmem Wasser einweichen. Dann gründlich kalt spülen, ausdrücken und grob hacken.

2 Während die Pilze einweichen, die Zwiebel schälen und fein hacken. Die Karotten und den Sellerie schälen und klein würfeln. Die Salbeiblätter in feine Streifen schneiden. Den Schinken fein hacken.

3 In einer Bratpfanne die Butter erhitzen. Zwiebel, Gemüse und Pilze darin 2–3 Minuten dünsten. Dann Salbei und Schinken beifügen und noch 1 Minute mitdünsten. In eine grosse Schüssel geben und leicht abkühlen lassen.

4 Den Backofen auf 220 Grad vorheizen.

5 Das Hackfleisch, die Eier und das Paniermehl ebenfalls in die Schüssel geben, mit Salz, Pfeffer, Muskat und Paprika pikant würzen und alles gut verkneten, entweder von Hand oder mit den Knethaken der Küchenmaschine. Den Fleischteig zu einem Laib formen.

6 Die Bratbutter in einen Bräter oder eine feuerfeste Form geben und kurz im 220 Grad heissen Ofen schmelzen. Den Braten hineinlegen. Bei weiterhin 220 Grad auf der zweituntersten Rille 20 Minuten anbraten; dabei einmal wenden.

7 Inzwischen den Knoblauch schälen. Mit der Milch, den Lorbeerblättern, den Gewürznelken, den Salbeizweigen und der Zitronenschale in einen Topf geben und aufkochen.

8 Nach 20 Minuten Anbraten die Ofentemperatur auf 160 Grad reduzieren. Die Gewürzmilch zum Hackbraten giessen und diesen zugedeckt (mit Deckel oder Alufolie) etwa 40 Minuten garen. Nicht erschrecken: Die Milch flockt dabei aus!

9 Den Hackbraten aus der Milch heben, in Alufolie wickeln und 10 Minuten ruhen lassen.

10 Die Milch durch ein feinmaschiges Sieb giessen und 300 ml davon abmessen. In einen kleinen Topf geben und aufkochen. Den Rahm beifügen. Die weiche Butter und das Mehl mit einer Gabel verkneten und flockenweise in die kochende Sauce geben, bis sie leicht bindet. Mit Salz, Pfeffer und Paprika abschmecken. Separat zum aufgeschnittenen Hackbraten servieren.

Dazu passt:

- Feine Nudeln
- Trocken- oder Bouillonreis
- Gebratene kleine Schalenkartoffeln
- Gebratene Maistaler (Rezept Seite 55)
- Glasierte Karotten (Rezept Seite 136)
- Kohlrabi-Karotten-Gemüse
- Gedünsteter Blattspinat
- Gedünstete grüne Bohnen

Pojarskisteak Stroganoff

Der Name Pojarski steht eigentlich für gehacktes, paniertes und gebratenes Kalbskotelettfleisch. Wir machen es anders: Fein gehacktes Poulet- und Kalbfleisch – es kann auch nur Kalbfleisch sein! – wird mit Doppelrahm, Weissbrot und reichlich Schnittlauch gemischt, zu dicken Steaks geformt und anschliessend paniert und gebraten. Begleitet werden die saftigen Hackfleischsteaks von einer Tomaten-Rahm-Sauce mit Peperoniwürfeln.

Für 4 Personen

Vorbereiten: 15 Minuten
Nachgaren inkl. Zubereiten der Sauce: 30 Minuten

200 g Pouletbrüstchen, vom Metzger hacken lassen oder im Cutter selbst hacken
250 g mageres Kalbsragout, vom Metzger zweimal hacken lassen
150 ml Doppelrahm oder Crème fraîche
50 g Weissbrot ohne Rinde
1 grosser Bund Schnittlauch
Salz, schwarzer Pfeffer aus der Mühle
6 Esslöffel Paniermehl
2–3 Esslöffel Bratbutter

Sauce:
je 1 rote und gelbe Peperoni (Paprika)
1 Schalotte oder kleine Zwiebel
1 Esslöffel Butter
1 Esslöffel Tomatenpüree
1 Teelöffel pikanter Senf
1 Teelöffel edelsüsser Paprika
150 ml Noilly Prat (trockener Wermut)
100 ml Kalbsfond oder leichte Hühnerbouillon
200 ml Rahm
½ Salatgurke
Salz, schwarzer Pfeffer aus der Mühle

1 Beide Fleischsorten mit dem Doppelrahm mischen und kurz kalt stellen.

2 Den Backofen auf 80 Grad vorheizen und eine Platte mitwärmen.

3 Das Weissbrot sehr fein hacken. Den Schnittlauch in Röllchen schneiden. Beides zum Fleisch geben und dieses pikant mit Salz und Pfeffer würzen. Aus der Masse 8 Steaks formen.

4 Das Paniermehl in einen Teller geben und die Steaks darin wenden.

5 Die Bratbutter erhitzen. Die Steaks darin insgesamt 5 Minuten braten. Sofort auf die vorgewärmte Platte geben und im 80 Grad heissen Ofen 30 Minuten nachgaren lassen.

6 Inzwischen für die Sauce die Peperoni halbieren, entkernen und in Würfel schneiden. Die Schalotte oder Zwiebel schälen und fein hacken.

7 In einem mittleren Topf die Butter erhitzen und die Schalotte oder Zwiebel darin hellgelb dünsten. Die Peperoni beifügen und mitdünsten. Tomatenpüree, Senf und Paprika dazugeben und kurz mitrösten. Mit dem Noilly Prat ablöschen und diesen kurz einkochen lassen. Den Kalbsfond oder die Bouillon beifügen und alles bei grosser Hitze auf die Hälfte reduzieren. Dann den Rahm beifügen und die Sauce noch so lange kochen lassen, bis sie leicht bindet.

8 Während die Sauce kocht, die Gurke schälen, der Länge nach halbieren und die Kerne herauskratzen. Die Gurke in 4 cm lange, fingerdicke Stäbchen schneiden.

Hackbraten in Gewürzmilch

Pojarskisteak Stroganoff

9 Kurz vor dem Servieren die Gurkenstäbchen in die Sauce geben und nur noch 2–3 Minuten mitkochen lassen. Die Sauce mit Salz und Pfeffer abschmecken.
10 Zum Anrichten etwas Peperoni-Gurken-Sauce auf vorgewärmte Teller geben und die Pojarskisteaks darauf setzen.

Dazu passt:
- Feine oder breite Nudeln
- Trockenreis
- Gebratene kleine Schalenkartoffeln
- Kartoffelpüree
- Gebratene Maistaler (Rezept Seite 55)
- Bulgur (Rezept Seite 44)

Hackfleischröllchen an Pfeffersauce

Die Zubereitung von Fleischvögeln mit Hackfleisch hat den Vorteil, dass die Garzeit dieser originellen Rouladen nur kurz ist. Sie können übrigens auch sehr gut vorbereitet und in der Sauce aufgewärmt werden. Anstelle von grünem eingelegtem Pfeffer kann man auch roten Pfeffer verwenden, den es ebenfalls in Salzlake konserviert zu kaufen gibt.

Für 4–5 Personen

Vorbereiten: 20 Minuten
Kühl stellen: evtl. 1 Stunde
Zubereiten: 20 Minuten

1 Weggli (Semmel)
50 ml Milch
1 grosse Zwiebel
1 Knoblauchzehe
1 Esslöffel Butter
500 g Kalbsschulter, vom Metzger mit der Maschine gehackt
1 Esslöffel eingelegte grüne Pfefferkörner
100 g rezenter Gruyère
Salz, Pfeffer aus der Mühle
24 Bratspeckscheiben
1 Esslöffel Bratbutter

Sauce:
50 ml Weisswein
200 ml Kalbsfond oder Hühnerbouillon
2 Esslöffel eingelegte grüne Pfefferkörner
150 ml Doppelrahm
Salz, Pfeffer aus der Mühle

1 Das Weggli in Stücke zupfen und in eine kleine Schüssel geben. Die Milch erwärmen und darüber giessen. Etwa 10 Minuten ziehen lassen.

2 Die Zwiebel und den Knoblauch schälen und fein hacken. In einem kleinen Topf in der heissen Butter glasig dünsten. In eine grosse Schüssel geben und leicht abkühlen lassen.

3 Das Weggli ausdrücken und fein hacken. Mit dem Hackfleisch zur Zwiebel geben. Die Pfefferkörner kurz unter fliessendem warmem Wasser spülen, mit dem Zwiebelhacker oder einem grossen Messer hacken und ebenfalls beifügen. Den Käse fein dazureiben. Alles gründlich mischen und die Masse pikant mit Salz und Pfeffer abschmecken.

4 Aus dem Hackfleischteig Röllchen von etwa 3 cm Durchmesser und 5 cm Länge formen. Jeweils 2 Bratspeckscheiben der Länge nach nebeneinander legen, die Hackfleischröllchen darauf setzen und aufrollen. Nach Möglichkeit 1 Stunde kühl stellen.

5 In einer grossen Bratpfanne die Bratbutter erhitzen. Die Hackfleischröllchen darin rundum 8–10 Minuten braten. Herausnehmen und zugedeckt warm stellen.

6 Überschüssiges Bratfett abgiessen. Den Bratensatz mit dem Weisswein auflösen und kurz einkochen lassen. Dann durch ein Sieb in einen kleinen Topf giessen. Den Kalbsfond oder die Hühnerbouillon beifügen und alles bei grosser Hitze gut zur Hälfte einkochen lassen.

7 Die Pfefferkörner kurz unter fliessendem warmem Wasser spülen und mit dem Zwiebelhacker oder einem grossen Messer grob hacken. Zur eingekochten Flüssigkeit geben, den Doppelrahm beifügen und die Sauce noch so lange reduzieren, bis sie cremig bindet. Mit Salz und Pfeffer abschmecken.

8 Die Hackfleischröllchen in die Sauce legen und alles nur noch gut heiss werden lassen.

Dazu passt:

- Feine oder breite Nudeln, zum Beispiel mit in Salzwasser blanchierten Lauch- oder Wirzstreifen (Wirsing) gemischt
- Weisswein-, Pilz- oder Safranrisotto (Rezept Seite 115)
- Trockenreis
- Gebratene kleine Schalenkartoffeln
- Kartoffelpüree oder Kartoffel-Apfel-Püree (Rezept Seite 105)
- Glasierte Karotten (Rezept Seite 136)
- Kohlrabi-Karotten-Gemüse
- Gedünstete grüne Bohnen
- Gedämpfter Blumenkohl, mit gehacktem Ei und in Butter geröstetem Paniermehl verfeinert
- Gebratene Schwarzwurzeln
- Gedünsteter Rosenkohl

Hackfleischröllchen an Pfeffersauce

Gefüllte Hackfleischsteaks mit Kräuterbutter

Diese Hacksteaks sind für eine Überraschung gut: Wer sie auf dem Teller durchschneidet, dem fliesst eine würzige Kräuterbutter entgegen. Kräuterbutter gibt es als Rolle, als Einzelportionen oder im Becher oder Glas zu kaufen. Sie muss aus mindestens 75 Prozent Butter bestehen, dazu kommen Kräuter, Gewürze, Salz und andere aromatisierende Zutaten. Der Zusatz anderer Fette ist nicht erlaubt. Für ähnliche Produkte, die nicht oder nur teilweise mit Butter hergestellt werden, müssen Bezeichnungen wie Kräutersauce oder Café de Paris gewählt werden. Kräuterbutter lässt sich auch selber zubereiten: Butter sehr luftig rühren und mit fein gehackten Kräutern, Salz, Pfeffer, je einer Prise Curry und Paprika, wenig Senf, einigen Spritzern Worcestershiresauce sowie nach Belieben etwas Zitronensaft und abgeriebener Schale mischen. Im Kühlschrank hält sich die hausgemachte Kräuterbutter etwa 3 Wochen, im Tiefkühler 6 Monate.

Für 4 Personen

Vorbereiten: 20 Minuten
Braten: 10–12 Minuten

100 g Kräuterbutter
1 mittlere Zwiebel
1 Knoblauchzehe
½ Bund Petersilie
1 Esslöffel Butter
1 Eigelb
2 Esslöffel Rahm
1 Esslöffel Senf
½ Teelöffel edelsüsser Paprika
¼ Teelöffel Curry
600 g gemischtes Hackfleisch
Salz, schwarzer Pfeffer aus der Mühle
etwas Paniermehl zum Formen der Steaks
1 Esslöffel Bratbutter

1 Die Kräuterbutter in 8 Scheiben schneiden und diese nebeneinander auf einem Teller im Tiefkühler anfrieren oder gefrieren lassen.
2 Die Zwiebel und den Knoblauch schälen und fein hacken. Die Petersilie ebenfalls hacken. Alles in einem kleinen Topf in der erwärmten Butter 3–4 Minuten dünsten. In eine Schüssel geben und leicht abkühlen lassen.
3 Eigelb, Rahm, Senf, Paprika und Curry zur Zwiebelmischung geben und alles gut verrühren. Dann das Hackfleisch beifügen, mit Salz und Pfeffer würzen und die Masse gut durchkneten.
4 Den Fleischteig in 8 Portionen teilen. In die Mitte jeder Portion je 1 Scheibe gefrorene Kräuterbutter geben, gut mit dem Hackfleisch umhüllen, dann die Kugeln in Paniermehl zu Steaks formen.
5 In einer grossen Bratpfanne die Bratbutter erhitzen. Die Hacksteaks bei mittlerer Hitze insgesamt 10–12 Minuten braten.

Dazu passt:
- Tomaten- oder Safranrisotto (Rezept Seite 115)
- Bratkartoffeln
- Kartoffelgratin, nach Belieben anstelle von Rahm mit Bouillon und Zwiebeln zubereitet
- Kohlrabi, Karotten und Kartoffeln, in Bouillon gekocht und in Butter mit gehackter Petersilie kurz gedünstet
- Gedünstete grüne Bohnen
- Krautstiel- oder Zucchettigratin mit Tomaten

Hackfleischcurry mit Spinat und Tomaten

Curry gehört zu den so genannten Löffelgewürzen, was bedeutet, dass man es sehr grosszügig dosieren darf. Für dieses pikante Gericht wird mit einem Teil des Currys eine Marinade zubereitet, in der das Hackfleisch durchziehen muss; dadurch erhält es ein besonders intensives Aroma.

Für 4–5 Personen

Marinieren: mindestens 30 Minuten
Zubereiten: 35 Minuten

2 Esslöffel mildes Currypulver
½ Teelöffel Salz
12 Umdrehungen schwarzer Pfeffer aus der Mühle
4 Esslöffel Öl
600 g gehacktes Rindfleisch
500 g frischer oder ca. 300 g tiefgekühlter Blattspinat
2 mittlere Zwiebeln
2 Knoblauchzehen
1 Chilischote
1 Esslöffel scharfes Currypulver
1 Messerspitze Zimtpulver
1 Lorbeerblatt
400 g gehackte Dosentomaten (Pelati)

1 Das milde Currypulver, Salz, Pfeffer und die Hälfte des Öls verrühren. Mit dem Hackfleisch mischen und mindestens 30 Minuten marinieren.
2 Inzwischen den Spinat gründlich waschen. Tropfnass in einen Topf geben und so lange im eigenen Saft dünsten, bis er zusammengefallen ist. In ein Sieb abschütten und gut ausdrücken.
3 Die Zwiebeln und den Knoblauch schälen und fein hacken. Die Chilischote der Länge nach halbieren, entkernen und ebenfalls fein hacken.
4 Eine Pfanne leer erhitzen. Das marinierte Hackfleisch darin sehr kräftig anbraten. Aus der Pfanne nehmen. Die Hitze reduzieren.
5 Das restliche Öl zum Bratensatz geben. Zwiebeln, Knoblauch, Chilischote, den scharfen Curry, Zimt und Lorbeerblatt beifügen und alles kurz rösten, bis es gut riecht. Dann den Spinat und die Tomaten beifügen und gut mischen. Das Fleisch wieder dazugeben. Das Curry zugedeckt etwa 20 Minuten schmoren lassen. Am Schluss wenn nötig nachwürzen.

Dazu passt:
- Trockenreis
- Bratkartoffeln
- Gebratene kleine Schalenkartoffeln

Zubereitung auch geeignet für:

Geschnetzeltes Rindfleisch: Nach Rezept zubereiten, jedoch etwa 45 Minuten schmoren lassen.

Gefüllte Hackfleischsteaks mit Kräuterbutter

Hackfleischcurry mit Spinat und Tomaten

Zungenwurst im Brätmantel

Ein hausgemachter Fleischkäse der besonderen Art: Die Brätmasse wird bereichert mit gedünsteten Gemüsewürfelchen und gefüllt mit einer Zungenwurst. Selbstverständlich kann diese auch durch eine andere Wurst ersetzt werden, zum Beispiel durch eine Waadtländer oder Neuenburger Saucisson oder eine Schinkenwurst. Reste dieses Brätcakes schmecken übrigens auch kalt aufgeschnitten ausgezeichnet.

Für 6 Personen

Wurst vorkochen: 30 Minuten
Vorbereiten: 15 Minuten
Backen: 50 Minuten

1 Zungenwurst (300–400 g)
1 mittlere Zucchetti
½ rote Peperoni (Paprika)
2 Esslöffel Olivenöl
1 Bund Schnittlauch
600 g Kalbsbrät

1 Falls die Zungenwurst nicht bereits gekocht gekauft wurde, diese in einem Topf mit Wasser bedeckt etwa 30 Minuten knapp vor dem Siedepunkt gar ziehen lassen. Dann die Wurst kurz unter kaltem Wasser abschrecken und häuten.
2 Während die Wurst kocht, das Gemüse vorbereiten: Die Zucchetti ungeschält zuerst der Länge nach in dünne Scheiben, dann diese in Streifen und zuletzt in Würfelchen schneiden. Die Peperoni entkernen und ebenfalls klein würfeln.
3 In einer kleinen Bratpfanne das Olivenöl erhitzen. Die beiden Gemüse unter Wenden 3–4 Minuten darin dünsten. In eine Schüssel geben und leicht abkühlen lassen.
4 Den Backofen auf 180 Grad vorheizen.
5 Den Schnittlauch in Röllchen zum Gemüse schneiden. Das Kalbsbrät beifügen und alles gut mischen.
6 Eine mittlere Cakeform mit Backpapier auskleiden und dieses gut buttern. Die Hälfte der Brätmasse hineingeben. Die Zungenwurst darauf legen, leicht in die Masse drücken und mit dem restlichen Brät bedecken.
7 Den Brätcake im vorgeheizten Ofen auf der zweituntersten Rille etwa 50 Minuten backen.

Dazu passt:

- Kartoffel-Stangensellerie-Salat (Rezept Seite 34)
- Blattalat
- Tomaten-, Karotten-, Gurken- oder Randensalat
- Tomaten- oder Spinatrisotto
- Gemischter Gemüsegratin
- Zucchetti-Tomaten-Gratin

Brätkügelchen an Currysauce

Hausgemachte Brätkügelchen können im Voraus zubereitet werden, so dass man sie nur noch in der Currysauce aufwärmen muss. Brätkügelchen kann man übrigens auch beim Metzger kaufen, dann ist das Gericht noch schneller auf dem Tisch.

Für 4–5 Personen

Zubereiten: 45 Minuten

600 g Kalbsbrät
1 Bund Schnittlauch
50 ml Doppelrahm oder Crème fraîche
schwarzer Pfeffer aus der Mühle
je 1 rote und grüne Peperoni (Paprika)
1 kleine Zwiebel
½ l Hühnerbouillon
1 Esslöffel Butter
1½– 2 Esslöffel Currypulver
100 ml Weisswein
2 Esslöffel Kokosflocken
1 kleiner Apfel
2 Esslöffel Butter
1 Esslöffel Mehl
100 ml Rahm
Salz

1 Das Brät in eine Schüssel geben. Den Schnittlauch mit einer Schere dazuschneiden. Den Doppelrahm oder die Crème fraîche beifügen, einige Umdrehungen Pfeffer aus der Mühle dazugeben und alles gut mischen.
2 Die Peperoni in kleine Würfelchen schneiden. Die Zwiebel schälen und fein hacken.
3 Die Bouillon aufkochen. Mit Hilfe von zwei Teelöffeln, die man immer wieder in die heisse Bouillon taucht, aus der Brätmasse kleine Klösschen abstechen und in die leicht kochende Flüssigkeit geben. Die Brätkügelchen 3–4 Minuten ziehen lassen. Mit einer Schaumkelle herausheben und gut abtropfen lassen. Beiseite stellen.
4 Die Bouillon absieben und für die Zubereitung der Sauce beiseite stellen.
5 In einem mittleren Topf die Butter erhitzen. Die Zwiebel darin glasig dünsten. Das Currypulver dazustreuen und kurz mitdünsten. Mit dem Weisswein ablöschen und diesen zur Hälfte einkochen lassen.
6 Den Sud von den Brätkügelchen und die Kokosflocken beifügen. Den Apfel ungeschält dazureiben. Die Sauce etwa 10 Minuten bei kleiner Hitze kochen lassen. Dann durch ein feines Sieb giessen und die Rückstände gut auspressen.
7 In 1 Esslöffel Butter die Peperoniwürfelchen andünsten. Die abgesiebte Currysauce und den Rahm beifügen. Die restliche Butter (1 Esslöffel) und das Mehl mit einer Gabel gut verkneten. Flockenweise in die leicht kochende Sauce geben. Mit Salz, Pfeffer und nach Belieben mit Curry abschmecken.
8 Die Brätkügelchen in die Sauce geben und nur noch gut heiss werden lassen.

Dazu passt:
- Feine Nudeln
- Trockenreis
- Gebratene kleine Schalenkartoffeln

Zungenwurst im Brätmantel

Brätkügelchen an Currysauce

Saucisson im Wirz

Seit über zwanzig Jahren ist die Saucisson vaudois, die Waadtländer Saucisson, durch das Markenrecht geschützt und darf nur von Metzgern im Kanton Waadt hergestellt werden. Sie gehört zu den geräucherten Rohwürsten, die man vor dem Genuss mit Wasser bedeckt knapp unter dem Siedepunkt gar ziehen lassen muss. Auch eine Neuenburger Saucisson eignet sich für die Zubereitung dieses Gerichts, das anstelle von Wirz auch mit Weisskohl zubereitet werden kann. Wer keinen Saucenrahm findet, nimmt Vollrahm und bindet das Gemüse mit etwas Mehlbutter (1 Esslöffel Mehl und 1 Esslöffel weiche Butter mit einer Gabel verkneten).

Für 4–5 Personen

Vorgaren der Wurst: 20 Minuten
Vorbereiten: 30 Minuten
Schmoren: 30 Minuten

2 Waadtländer Saucissons, je ca. 300 g schwer
ca. 800 g Wirz (Wirsing)
1 grosse Zwiebel
30 g Butter
200 ml Hühnerbouillon
100 ml Saucenrahm
Salz, Pfeffer, Muskat

1 Die Saucissons mit Wasser bedeckt aufkochen und knapp vor dem Siedepunkt 20 Minuten ziehen lassen beziehungsweise vorgaren. Herausnehmen, unter kaltem Wasser abschrecken und die Haut abziehen.

2 8 grosse Wirzblätter ablösen und in kochendem Salzwasser etwa 3 Minuten blanchieren. Liegen die Blätter sehr eng an, lassen sie sich nur schwer ablösen; in diesem Fall den Wirzkopf zuerst kurz in kochendes Wasser tauchen, dann können die Blätter leichter abgelöst werden. Die Blätter gut abtropfen lassen und den unteren, dicken Strunkteil flach schneiden.

3 Jede Saucisson möglichst satt in je 4 Wirzblätter einpacken.

4 Den restlichen Wirz vierteln, grobe Strunkteile entfernen und das Gemüse in dünne Streifen schneiden.

5 Die Zwiebel schälen und fein hacken.

6 In einem grossen Topf die Butter schmelzen. Die Zwiebel darin glasig dünsten. Die Wirzstreifen beifügen und unter Wenden mitdünsten. Dann die Bouillon dazugiessen. Die eingepackten Saucissons auf das Gemüse legen. Alles zugedeckt bei kleiner Hitze etwa 20 Minuten schmoren lassen.

7 Den Saucenrahm dazugiessen. Das Gemüse mit Salz, Pfeffer und Muskat nachwürzen und im offenen Topf nochmals 10 Minuten kochen lassen.

Dazu passt:

- Salzkartoffeln
- Kartoffelgratin
- Gebratene kleine Schalenkartoffeln
- Käse-Spätzli
- Gebratene Maistaler (Rezept Seite 55)

Saucisson im Wirz

Bratwurst im Zwiebel-Weisswein-Jus

Bratwurst im Zwiebel-Weisswein-Jus

So genannte Bauernbratwürste werden oft «am Meter» hergestellt und nach gewünschtem Gewicht verkauft. Findet man keine Bratwurst am Meter, kann man das Gericht auch mit ganz normalen Schweinsbratwürsten zubereiten. Pro Person rechnet man 1–1½ Bratwürste.

Für 4 Personen

Zubereiten: etwa 45 Minuten

Ca. 800 g Bauernbratwurst am Meter
150 ml Bouillon
2 mittlere Zwiebeln
200 ml Weisswein
1 Bund Petersilie

1 Die Bauernbratwurst gleichmässig auf beiden Seiten mit einem Zahnstocher fein einstechen. In eine Bratpfanne legen und die Bouillon dazugiessen. Bei kleiner Hitze so lange schmoren lassen, bis die Flüssigkeit vollständig eingekocht ist.
2 Inzwischen die Zwiebeln fein hacken. Nach dem Einkochen der Bouillon über die Wurst verteilen. Wurst und Zwiebeln langsam im entstehenden Wurstfett goldbraun braten.
3 Nun den Weisswein dazugiessen, aufkochen und alles noch 20–25 Minuten leise kochen lassen; dabei die Wurst regelmässig mit Jus übergiessen.
4 Die Petersilie fein hacken. Kurz vor dem Servieren über die Bratwurst streuen.

Dazu passt:
- Tomaten-, Pilz- oder Safranrisotto (Rezept Seite 115)
- Spätzli
- Rösti
- Bratkartoffeln
- Kartoffelgratin
- Zucchetti-Tomaten-Gratin
- Kartoffel-Stangensellerie-Salat (Rezept Seite 34)
- Tomatensalat

Rezeptverzeichnis

Im Ofen gebraten

Sanft geschmort

Die Preiswerten

Beilagen

Saucen

Annemarie Wildeisen im AT Verlag

Fleisch sanft garen bei Niedertemperatur

Zartes, saftiges und aromatisches Fleisch – praktisch, problemlos und ohne grossen Arbeitsaufwand!
Das Garen bei Niedertemperatur – das Nachziehenlassen bei 70 bis 80 Grad im Backofen – ist die ideale Methode, um Fleisch sanft auf den Punkt zu garen.
70 Rezepte für kleine, mittlere und grosse Fleischstücke.

Fleisch schnell garen bei Niedertemperatur
Kleine Fleischstücke sanft zubereitet

Die bewährte Niedertemperatur-Garmethode in 80 neuen Rezepten für die kleinen und kleinsten Fleischstücke der Alltagsküche. Alle Gerichte sind in 20 bis 30 Minuten auf dem Tisch. Die Rezepte sind für 4 Personen und – für den Kleinhaushalt – für 1 Person berechnet.

Gästemenüs zum Vorbereiten
Die schönste Art, Gäste zu verwöhnen

Gut geplant und gut vorbereitet ist halb gekocht. 75 unkomplizierte, aber dennoch attraktive Rezepte, zu 25 Menüs zusammengestellt, sorgen für sicheres Gelingen und lassen Ihnen Zeit, sich Ihren Gästen zu widmen. Mit Zeitplan, Umrechnung der Rezeptmengen auf verschiedene Anzahl Personen, Informationen zu den Abläufen und vielen wertvollen Tipps.

Vanille – Gewürz der Göttin

Geschichte, Geschichten und über 70 pikante und süsse Rezepte

Die blumige Würze der Vanille bezaubert heute noch ebenso wie zur Zeit der Azteken. Über 70 Rezepte beweisen, dass sie nicht nur Süsses lieblich abrunden, sondern auch pikanten Gerichten eine exotisch-raffinierte Note verleihen kann. Sämtliche Rezepte sind fotografiert, dazu zahlreiche Pflanzen- und Stimmungsbilder sowie Wissenswertes über Geschichte, Herkunft und Herstellungsverfahren.

20-Minuten-Küche

100 schnelle Rezepte für Berufstätige und Familien – von kleinen Gerichten aus der kalten Küche über Gemüsemahlzeiten, Pasta, Reisgerichte, schnelle Fleisch- und Fischspezialitäten bis zu unkomplizierten Desserts. Alle Gerichte sind in maximal 20 Minuten fertig, sie sind einfach in der Zubereitung und dennoch raffiniert. Marktfrische Zutaten und ein gut gefüllter Vorrats- und Kühlschrank sind die Basis.

Schnell für 2

Unkomplizierte Gourmetrezepte für jeden Tag

Das Kochbuch für den kleinen Haushalt, für Berufstätige und Singles, die auch in kurzer Zeit ein feines Essen auf den Tisch bringen möchten. Sämtliche Gerichte sind schnell und unkompliziert in 15 bis maximal 30 Minuten zubereitet und gelingen auch weniger Geübten problemlos.

Gemüseküche

Gesunde, saisongerechte Genüsse rund ums Jahr. 111 grösstenteils vegetarische Rezepte zeigen, wie vielfältig und abwechslungsreich die Gemüseküche sein kann. Mit wertvollen Hintergrundinformationen zu 50 Gemüsesorten: Herkunft, Saison, typische Merkmale, Einkauf, Aufbewahrung und Küchenpraxis. Das ideale Kochbuch für Vegetarier und Fleischesser am selben Tisch.

Eine Prise Süden

Holen Sie sich Sonne und Süden auf den Teller! 100 unkomplizierte Rezepte – vor allem aus der italienischen und südfranzösischen Küche – von Antipasti und Vorspeisen über Getreide, Gemüse, Fisch und Fleisch bis zu Desserts und Gebäck, von klassisch-einfach bis zu originell-exquisit, alle jedoch leicht nachzukochen. Das Kochbuch für unbeschwertes Geniessen, für die gemütliche Runde im Freundeskreis oder am Familientisch.

Gourmet-Menüs aus dem Profi Steam

Die neuen Kombi-Dampfgargeräte erobern die Küche. Mit diesen Multitalenten lässt sich nicht nur schonend drucklos dampfgaren, sondern mit Hilfe der Intervallfunktion, der Kombination von Heissluft und Dampf, auch backen und braten wie die Profis. Was mit diesen Spitzengeräten möglich ist, zeigen 70 abwechslungsreiche und unkomplizierte Rezepte für die Alltagsküche und für Gäste.

In der Reihe «Die besten Rezepte»

Eiscreme, Glace, Sorbet
Die besten Rezepte

Hausgemachte Glace, Sorbets und Eisspezialitäten sind schnell zubereitet und schmecken unnachahmlich frisch. 75 abwechslungsreiche Rezepte für viele Gelegenheiten und jede Jahreszeit – von den Klassikern über leichte, fruchtige Sorbets bis zu festlichen Eiskreationen.

Garen über Dampf
Die besten Rezepte

Das Garen über aufsteigendem Dampf ist fettarm, schont Vitamine und Mineralstoffe und eignet sich daher ideal für die gesunde und schlanke Küche. Farbe und Aroma bleiben besonders gut erhalten. Über 70 attraktive Rezepte für zarte, leichte und gesunde Genüsse aus dem Dampf.

Konfitüren, Marmeladen, Gelees
Die besten Rezepte

Hausgemachte Konfitüren und Gelees schmecken frisch und fruchtig, enthalten nichts als die reine Frucht, Zucker und Geliermittel und lassen sich nach Lust und Laune variieren. Über 100 Rezepte von A wie Ananas- bis Z wie Zwetschgenkonfitüre. Mit ausführlicher Einleitung, Warenkunde sowie Tipps und Tricks zur Pannenhilfe.

Mozzarella
Die besten Rezepte

Mozzarella ist weit mehr als der klassische Pizzakäse. Er eignet sich hervorragend für leichte, appetitanregende Salate und Vorspeisen, ist ideal zum Überbacken und verbindet sich aufs Beste mit Kartoffeln, Mais, Brot und Eiern. Mit 50 Rezepten und einer Anleitung für hausgemachten Mozzarella.

AT Verlag
Stadtturmstrasse 19
CH-5401 Baden
Telefon +41 (0)58 200 44 00
Fax +41 (0)58 200 44 01
E-Mail: at-verlag@azag.ch
Internet: www.at-verlag.ch